관계의 안목

내 삶에
의미 있는 관계와
사람을 알아보는 지혜

관계의 안목

신기율 지음

더퀘스트

'그'가 내 곁에 있는 의미를 알게 된다면

눈 덮인 히말라야산맥 어딘가에는 하나의 몸에 머리가 둘 달린 전설 속의 새, 공명조共命鳥가 살고 있다. 공명조는 두 개의 이름을 가지고 있는데 한쪽 머리는 '가루다迦嘍茶', 다른 쪽은 '우파가루다憂波迦嘍茶'로 불렸다. 가루다와 우파가루다는 서로 번갈아 가며 잠을 자고 일어났다. 가루다가 잠들면 우파가루다가 일어나 하늘을 날았고 우파가루다가 잠들면 가루다가 일어나 노래를 불렀다. 하루는 우파가루다가 잠든 사이에, 가루다가 자신이 찾아낸 맛있는 열매를 모두 먹어 버렸다. 가루다는 어차피 한 몸으로 연결돼 있으니 혼자 먹어도 괜찮다고 생각했다. 하지만 그 사실을 안 우파가루다는 가루다에게 참기 힘든 배신감을 느꼈고 복수하기 위해 독이 든 열매를 찾아 먹는다. 열매의 독은 천천히 몸속에 퍼졌고 독에 취해 죽어가는 가루다를 보며 우파가루다는 미소 짓는다. 한 몸으로 연결된 자신도 독에 중독돼 점점 죽어가고 있는 것을 알면서도.

공명조의 전설을 떠올릴 때마다 그들이 각자 경험했던 다른 세상의 모습을 함께 공유하고 공감했다면 어땠을지 상상해본다. 그랬다면 공명조는 다투지 않고 서로를 위해 아름다운 목소리로 노래하지 않았을까. 이들의 죽음에 안타까운 마음이 들면서도 한편으로는 지금 시대의 관계가 서로에게 공감하지 못하는 공명조를 닮았다는 생각이 든다.

우리는 모두 연결되어 있다

공명조의 이야기를 한마디로 표현하면 '2-1=0'이라는 수식으로 나타낼 수 있다. 2는 '나와 너'로 이루어진 관계를 상징한다. 여기에서 1을 뺀다는 것은 내가 싫어하고 마음에 들지 않는 상대를 제거한다는 뜻이다. 성격이 싫어서, 태도가 불순해서, 말이 통하지 않아서 멀리했던 수많은 '너'를 과감히 인생에서 빼버리는 것이다. 그렇게 '너'를 없애면 당장은 앓던 이를 뺀 것처럼 통쾌하고 홀가분한 마음이 들 것이다. 하지만 조금 더 시간이 지나면 공명조처럼 자기 자신 역시 모두의 마음속에서 사라지고 있음을 알게 될 것이다.

특히 개인의 관계에서 이런 상황은 자주 반복된다. 불편하고 못마땅한 상대가 사라지면 마냥 행복한 상황이 펼쳐지는 게 아니라 내 마음의 질서가 무너지는 위기가 찾아올 수 있다. 지금 당장, 싫어하는 사람, 불쾌한 사람은 있지만, 인생의 긴 시간 속에서 상대를 반추해보면 그가 그런 모습으로 내 곁에 있던 의미를 알게 된다. 그가 있었기 때문에 만날 수 있던 수많은 긍정의 사건들과 인연을 깨닫게 되는 것이다. 관계는 정해진 답을 맞히면 좋은 점수를 얻을 수 있던 학창 시절의 시험이 아니다. 시험에서 좋은 점수를 얻기 위해서는 하나의 정답만 고르면 되지만 관계의 문제에서는 하나의 정답만 있다고 확신하는 순간 최악의 점수를 받게 된다. 각자의 정답은 있지만, 모두의 정답은 없다는 마음을 가질 때 실타래처럼 얽힌 관계의 문제는 풀릴 수 있다.

서로를 따뜻한 마음으로 볼 수 있는 안목이 필요하다

정해진 답이 없는 관계의 갈등을 해결하기 위해서는 서로를 좀 더 다양한 관점으로 바라보고 공감할 수 있는 '관계의 안목'이 필요하다. 여기서 안목이란 자신에게 이로운 사람과 해로운 사람을 구분하고 잘잘못을 가리는 '분별의 눈'이 아니다. 상대를 편견이나 오해 없이 있는 그대로 볼 수 있는 깊고 넓은 '통찰의 눈'을 말한다. 안목은 진흙 속에 감춰진 원석을 발견하듯, 상대에게서 고귀한 원석의 가치를 찾게 해준다.

이 책은 그런 안목을 갖춰 상대를 포용하고 서로의 상처를 보듬
으며 공생할 수 있는 다양한 방법을 다루고 있다. 무엇에 공감하고
어떤 용기를 내야 하며 어떻게 마음을 해석해야 하는지 자세히 설
명하고 있다. 만약 지금, 관계의 문제로 힘겨운 시기를 보내고 있다
면 이 책을 통해 난관을 헤쳐나갈 지혜와 용기를 얻게 될 것이다.

관계의 안목은 상대를 밀어내고 없애는 기술이 아니라, 함께 공
생하는 방법을 찾아내는 따뜻하고 긍정적인 시선이다. 만약 가루
다가 맛있는 열매를 맛보지 못한 우파가루다의 마음에 공감할 수
있었다면, 우파가루다가 가루다를 용서할 수 있었다면, 한 몸에
두 개의 머리를 가지고 태어난 운명의 의미를 해석할 수 있었다면
그들은 공멸하지 않았을 것이다.

지금 이 시대에도 수많은 공명조들이 살아가고 있다. 그들은 이
순간에도 서로가 연결되어 있다는 사실을 망각한 채 상대에게 건
넬 독이 든 열매를 찾고 있을지 모른다. 그런 공멸의 사슬을 끊기
위해, 증오를 멈추고 서로를 따뜻한 마음으로 바라볼 수 있는 관
계의 안목을 키울 수 있기를 바라본다.

차례

2장

나는 나를 제대로 드러냈는가

용기

4장

관계는 자주 그 모습을 바꾼다

운명

1장

우리는 누군가를 진정으로 이해할 수 있을까

공감

공감하는 순간
치유는 시작된다

가끔 서운한 마음이 든다. 곤경에 빠진 상대를 진심으로 걱정하며 도와줬는데 고마워하기는커녕 당연하게 생각하면 기분이 울적해진다. 상대에게 서운한 마음을 털어놓고 싶지만, 행여 옹졸한 사람으로 비칠까 봐 그것마저 망설여진다. 대가를 바라지 않고 선의를 베풀어야 한다는 건 알고 있지만 서운한 마음이 드는 건 어쩔 수 없는 일이다. 그렇게 풀지 못한 서운함이 조금씩 쌓여 임계점에 이르면 큰 다툼으로 번질 때도 있다. 얼굴을 붉히고 다시는 안 볼 것처럼 싸우며 서로에게 상처를 주고받는 일이 벌어지는 것이다.

이런 일이 생기는 가장 큰 이유는 내가 '공감의 시소'를 제대로 타지 못하기 때문이다. 공감은 시소에 비유할 수 있다. 시소의 한쪽 끝에는 나에게 공감하는 마음이 놓여 있고 반대쪽 끝에는 상대에게 공감하는 마음이 놓여 있다. 상대에 대한 공감이 커지면 시소는 상대 쪽으로 기울어지고 자신에 대한 공감이 커지면 내 쪽으로 기울어진다. 공감을 잘한다는 건 시소를 잘 타는 것이다. 시소를 잘 타려면 한쪽으로 시소가 기울어져 멈추지 않고 번갈아 가며 오르내리도록 양쪽의 무게를 잘 조절해야 한다. 상대에게 잘해주고 상처받는 것은 상대가 나를 알아주지 않아서가 아니라 내가 시소를 잘 타지 못했기 때문이다. 상대에게만 공감하느라 내 욕망을 외면한 대가를 치르는 것이다.

나무 같은 사람

미국의 아동문학가 셸 실버스타인Shel Silverstein이 쓴 《아낌없이 주는 나무》는 서운한 마음이 들면 한 번씩 읽게 되는 나만의 스테디셀러다. 동화는 나무와 어린아이의 이야기로 시작된다. 아이는 날마다 나무를 찾아와 나뭇잎으로 왕관을 만들고 가지에 끈을 매달아 그네를 타며 놀았다. 아이는 나무를 사랑했고 나무는 아이와 함께 있는 시간이 행복했다. 시간이 지나, 아이가 돈이 필요한 사춘기 소년이 되자 나무는 아이에게 열매를 주며 돈을 마련해준다. 성인이 된 아이에게는 집을 지을 나뭇가지를 내어주고 장년이 된 아이에게는 배를 만들 수 있는 나무 기둥을 내어준다. 오랜 세월이 지나 서 있기조차 힘든 할아버지가 된 아이에게는 마지막으로 편히 앉을 수 있는 그루터기를 내주며 책은 끝을 맺는다. 너무나 불공정해 보이는 아이와 나무의 관계지만 이 책에서 가장 자주 나오는 말은 "그래서 나무는 행복했습니다"라는 문장이다.

이 책을 꺼내 읽는 이유는, 나무에게서 공감의 시소를 어떻게 타는지 배울 수 있기 때문이다. 나무는 아이의 욕망에 공감하며 자신이 해줄 수 있는 것을 찾는다. 반대로 아이는 자신의 욕망에 공감하며 원하는 것을 끊임없이 나무에게 요구한다. 그러면서 나무에게 관심을 두거나 고마워하지 않는다. 곁에서 보면 나무는 아이 쪽으로 완벽히 기울어진 시소를 타고 있다. 그런데 왜 나무는 불행하거나 서운하다고 말하지 않고 오히려 행복하다고 하는 것일까? 그 답을 알려면 공감에 관한 좀 더 깊이 있는 이해가 필요하다.

공감에도 기준이 필요하다

공감은 상대의 생각이나 감정을 마치 내 것처럼 느끼는 마음이다. 추위에 떨고 있는 노숙자를 보며 입고 있던 코트를 벗어 덮어주는 마음. 생면부지의 사람이 들려주는 이야기를 들으며 함께 기뻐하고 슬퍼하는 마음이 공감이다. 공감은 나이와 지위, 성별과 인종을 뛰어넘어 모두가 보이지 않는 정서적 끈으로 연결돼 있음을 알게 해준다. 만약 공감이란 마음이 없다면 세상은 약육강식의 냉혹한 지옥이 됐을 것이다.

하지만 누군가에게 공감한다는 것이 생각만큼 쉬운 일은 아니다. 자칫 잘못하면 자기 앞가림도 못하면서 남부터 챙기는 현실감 없는 사람으로 여겨질 수 있다. 얼마 전에 상담했던 민재 씨도 그랬다.

민재 씨는 퇴직 후 새로운 사업을 준비하고 있던 50대 가장이다. 낯선 일에 도전하기 위해 눈코 뜰 새 없이 바쁜 하루를 살았지만, 생각보다 준비 기간이 길어지면서 그동안 모아둔 퇴직금이 바닥나고 있었다. 그런데 이런 급박한 시기에 돈을 빌려달라는 지인의 부탁을 받았다. 민재 씨는 돈 빌릴 곳이 없다는 지인의 사정이 딱해서 남은 퇴직금을 모두 빌려줬다. 그리고 정작 자신은 대출을 받아 생활비를 메꿔야 했다. 이런 일이 한두 번이 아니었다. 민재 씨의 가족은 그의 무책임한 태도에 지쳐갔고 그 역시 남의 일에 신경 쓰느라 온전히 자기 일에 집중할 수 없었다. 이런 문제를 자신도 알고 있지만 고쳐지지 않는다고 했다.

의외로 민재 씨처럼 적당한 기준이나 순서 없이 마음 가는 데로 도움을 베푸는 사람들이 있다. 물론 특별한 기준이 없어도 자기 행동을 충분히 감내할 수 있는 상황이라면 문제 될 게 없다. 하지만 민재 씨처럼 무리해서 누군가를 돕고 있다면 그건 온전한 공감이 아닌 미성숙한 공감을 하는 것이다.

공감의 순서

성숙한 공감은 굳게 닫힌 마음의 문을 열고 서로를 신뢰할 수 있게 해준다. 하지만 잘 조율되지 못한 미성숙한 공감은 다양한 문제를 일으킨다. 민재 씨처럼 상대에 대한 지나친 배려로 자기 자신을 곤란에 빠트리기도 하고 몸에 병이 날 정도로 상대의 마음에 몰입해 주위 사람들에게 걱정을 끼치기도 한다. 공감이 동정이 되어 상대에게 모욕감을 줄 수 있고 현실과 동떨어진 공감으로 빈축을 사기도 한다. 이런 미성숙한 공감을 조율하기 위해서는 반드시 지켜야 할 네 가지 공감의 법칙이 있다.

첫 번째, 자신을 불행하게 만드는 도움은 베풀지 말아야 한다. 모든 공감은 나에게 공감하는 데서부터 시작해야 한다. 나 자신의 불행과 아픔에 공감하며 나를 함부로 방치하지 않는 것이 타인을 돕는 것보다 먼저여야 한다. 공감이 나를 궁지에 몰아넣고 함께하는 가족을 힘들게 한다면, 이는 결국 나를 사랑해주는 사람들의 마음을 아프게 하는 공감의 폭력이 된다. 공감에서 가장 중요한 마음은 '자리이타自利利他'의 마음이다. '자리이타'는 나를 이롭게 하고 타인을 이롭게 한다는 뜻이다. 이때 '이롭다'는 것은 내 이익과 실리를 챙기는 게 아니라 나를 사랑한다는 뜻이다. 내가 어디가 아픈지, 얼마나 힘든지 공감하고 배려하는 것을 말한다. 이 순서가 바뀔 때 공감은 고통이 되고 아픔이 된다.

두 번째, 공감이 지나친 동정이 돼서는 안 된다. 상대의 불우한 상황에 공감하며 함께 아파할 때, 그가 처한 어려움을 동정하는 것은 자연스러운 일이지만 동정심이 지나쳐 '그'라는 사람 자체를 동정해서는 안 된다. 사업에 실패한 동료에게 실패를 안타까워하는 위로를 넘어 '인생이 불쌍하다'라는 식으로 말한다면 동료는 위안이 아닌 수치스러움을 느낄 것이다. 그런 모욕을 겪은 사람 중에는 불우한 시절이 지나면 그때 자신을 동정했던 이들을 피해 연락을 끊거나 적으로 돌아서는 경우도 있다. 실패, 가난, 이별 같은 불행은 힘들고 불편한 상황일 뿐이다. 그런 일을 겪었다고 타고난 본성마저 가엽고 불행해지는 것은 아니다.

타인을 동정하는 마음이 그런 선을 넘지 않을 때, 공감은 치유의 힘을 가질 수 있다.

세 번째, 공감의 대가로 상대에게 바라는 것이 있다면 분명히 말해야 한다. 내가 잘해준 만큼 나에게 잘해주길 원하는 정서적 호응이나, 내가 힘들 때 내 편이 돼줘야 한다는 바람을 상대에게 솔직히 밝히는 게 좋다. 공감은 대가를 바라지 않는 순수한 마음이어야 한다고 생각하지만 그렇다고 대가를 바라는 마음이 불순하다고 매도할 수는 없다. 바라지 않는 사람이 있다면 바라는 사람이 있는 것도 당연한 일이다. 내가 해주는 만큼 원하는 것이 있다고 말해줘야 호의를 받는 쪽에서도 마음의 준비를 할 수 있다.

네 번째, 상대와 다투지 않고 오래가는 관계를 맺고 싶다면 즐거워하는 일보다 먼저 싫어하는 일에 공감할 줄 알아야 한다. 즐겁고 재미있는 일은 잠시 미뤄도 큰 탈이 나지 않지만 싫은 일은 쌓일수록 마음의 병이 되고 고통이 된다. 재미있는 일은 반복할수록 무덤덤해져서 그 대상이 자주 바뀌지만 싫어하는 일은 쉽게 바뀌지 않는다. 그래서 싫어하는 일에 공감하는 것은 큰 다툼 없이 오랫동안 관계를 이어가는 데 도움을 준다. 만약 상대가 싫어하는 일이 내가 좋아하는 일이라면 싫어하는 일에 우선순위를 두고 내가 양보하는 마음을 가져야 한다.

언뜻 보면 아이에게 맹목적인 것처럼 보이는 아낌없이 주는 나무는 사실 누구보다 이 네 가지 법칙을 잘 지키고 있다. 아이를 위한 행동은 아이의 행복을 진심으로 바라는 자신의 마음에 공감하는 일이고 주위에 피해를 주지도 않는다. 지치고 측은해 보이는 아이를 동정하지 않으며, 만날 때마다 함께 그네를 타고 놀자는 자신의 바람을 말하는 것도 잊지 않는다. 그러면서 이제는 예전처럼 놀기 싫다는 아이의 마음에 진심으로 공감해준다.

곁에서 보기에는 기울어진 시소지만 나무에게 시소는 한 번도 기울어진 적이 없다. 나무는 누구보다 공감의 시소를 잘 타고 있고 그래서 행복했을 것이다.

아낌없이 주는 나무는, 우리 마음속에 자라고 있는 따뜻한 사랑의 나무다. 마음속에 그런 나무 한 그루 없다면 마음은 삭막하고 메마른 사막이 될 것이다. 하지만 이런 나무가 너무 많아도 서로 뒤엉켜 공멸하는 칡나무와 등나무처럼 관계의 갈등을 일으키는 원흉이 될 수 있다. 지금 이 순간 혹시 한쪽으로 기울어진 공감의 시소 때문에 힘들어하는 사람이 있다면 이제 그 따듯한 마음을, 좀 더 지혜롭게, 아프지 않게 써보자는 말을 드리고 싶다. 성숙한 공감을 할 수 있도록 내 마음속, 아낌없이 주는 나무를 잘 돌볼 수 있었으면 좋겠다.

어떻게
위로해야 할까

힘들어하는 그를 도와주고 싶다

"선생님이 뭘 알아요? 저처럼 힘들어봤어요? 뭘 안다고 그렇게 말하세요?"

채연 씨는 울먹이며 말했다. 취업한 지 얼마 되지 않은 그녀는 직장에 적응하는 게 힘들다며 퇴직하고 싶다고 말했다. 회사 분위기는 괜찮았지만 몇몇 직원들이 자기를 무시하는 것 같고 일을 잘할 수 있을지 확신이 서지 않는다고 했다. 나는 그녀에게 회사에 적응할 때까지 힘들더라도 조금만 더 참고 노력해보라고 조언했다. 아직 입사한 지 한 달도 되지 않았는데 주위 사람들과 자신의 업무 능력에 대해 너무 성급히 단정 짓지 말자고 위로해줬다. 나는 그녀의 아픔에 공감하고 있었고, 도움을 주고 싶었다. 하지만 채연 씨는 내가 건넨 위로를 받아들이지 않았다. 어쩌면 상투적으로 들렸을 수도 있고 영혼 없는 공허한 말로 들렸을지도 모른다. 그래,

그럴 수도 있다. 나는 그녀가 아닌데 어떻게 그녀의 아픔을 온전히 느낄 수 있겠는가? 그래서 공감은 어려운 일이다. "얼마나 힘들었어요. 힘을 내세요. 잘할 수 있어요." 함께 걱정하며 진심 어린 마음을 건네도 상대에게는 강 건너 불구경하듯 자신을 바라보는 것처럼 느껴질 수도 있다.

들어주는 공감에는 한계가 있다

상대에게 해줄 수 있는 공감에는 한계가 있다. 특히 채연 씨처럼 현실적인 문제에 괴로워하고 있을 때 말뿐인 공감은 오히려 역효과를 불러올 수 있다. 당장 써먹을 수 있는 해결책이 필요한데 안됐다는 표정을 지으며 힘내라는 말만 건네고 있는 상대를 보면 신경이 날카로워지는 것이다. 그렇다면 어떻게 해야 할까? 현실적인 도움을 줄 수 없다면 힘들어하는 상대와 거리를 두고 처음부터 아예 관심을 두지 말아야 할까? 아니면 감정적 동요 없이 가장 현실적인 사실 확인만 해주면 되는 걸까? 물론 그것도 나쁜 방법은 아니다. 하지만 만약 상대의 마음을 조금이라도 위로해주고 싶다면 어떤 방법을 택하든 정서적 공감이 동반되어야 한다. 다만 앞서 했던 것과는 다른 방식의 공감이 필요할 뿐이다. 예를 들면 상대의 어깨를 두드리며 괜찮다고 말해주는 공감이 아니라, 상대에게 어떻게 해야 하는지를 행동으로 보여주며 그의 공감을 끌어내주는 것이다. 그에게 내가 공감해주는 것이 아니라, 그가 나에게 공감할 수 있도록 하는 것이다.

영화 〈펭귄블룸〉

넷플릭스 영화 〈펭귄블룸Penguin Bloom〉은 본보기가 되는 공감이란 어떤 것인지를 잘 보여주는 가슴 따뜻한 명작이다. 주인공인 샘은 남편과 함께 세 명의 아이를 돌보며 가정을 꾸려나가던 평범한 가정주부였다. 그러던 어느 날 평화로운 샘의 가정에 예상하지 못한 불행이 찾아오게 된다. 태국으로 떠난 가족 여행에서, 높은 발코니에서 떨어진 샘이 하반신 마비가 되는 끔찍한 사고를 당한 것이다. 사고 후, 샘은 다시는 예전처럼 살 수 없는 자신의 모습에 괴로워하며 깊은 우울감에 빠진다.

절망하는 샘의 곁에는 각자의 방식으로 샘을 도우려고 하는 남편 캐머런과 엄마 젠이 있다. 캐머런은 사고가 나기 전처럼 아내를 대하며 아픔을 극복할 수 있다는 희망을 주려고 애쓴다. 젠은 남은 삶을 하반신 마비로 살아야 하는 딸을 동정하며 가여워한다.

딸이 현실을 받아들이고 거기에 맞춰 주위의 도움을 받으며 안전하게 살아가길 원한다. 이 두 인물 사이에서 샘이 진심으로 위로받던 존재는 누구였을까? 캐머런도 젠도 아니었다. 샘의 마음을 움직인 건 아들 노아가 데려온 상처 입은 어린 까치였다. 샘은 날개를 다쳐 날지 못하는 어린 까치에게 깊은 동질감을 느끼며 일상의 많은 시간을 함께한다. 샘의 돌봄을 받은 까치는 점점 상처를 회복하고 다른 까치처럼 자유롭게 하늘을 날게 된다. 날아오르는 까치를 보며 샘은 자신도 까치처럼 상처를 회복하고 다시 살아갈 수 있다는 희망을 갖는다.

무너져가는 삶을 일으켜준 까치는 그녀에게 오늘 기분은 어땠는지, 어디가 아픈지 단 한 번도 물어보지 않는다. 그녀의 푸념을 들으며 "그랬구나, 얼마나 힘들었니"라며 위로해주지도 않는다. 대신 자신의 상처를 딛고 일어서는 회복의 본보기를 보여준다. 들어주고 말해주는 것이 아닌 보여주는 공감, 그녀가 까치를 보며 느꼈던 희망의 공감은 그녀를 치유하는 첫 번째 단추가 돼주었다.

공감이 힘을 얻을 때

現実적인 돌파구가 필요한 상대에게 줄 수 있는 가장 진정성 있는 공감은 까치처럼 직접 아픔을 이겨내는 모습을 보여주는 것이다. 지금 나는 불행하면서, 온갖 걱정과 근심에 쌓여 있으면서, 너는 나와 다르게 행복해질 수 있다고 말하는 위로에는 마음을 움직이는 힘이 담기지 않는다.

나는 그때 채연 씨에게 내 이야기를 먼저 들려줘야 했다. 안쓰러운 표정을 지으며 세상만사 이렇게 해결하면 된다고 말하는 대신, 나 역시 당신처럼 힘든 적이 있었다고 말해야 했다. 그리고 내가 어떻게 그 위기를 넘겼는지 어떤 실수를 하고 어떤 후회를 했는지 담담하게 들려줬어야 했다. 그랬다면 채연 씨는 조금 더 내 이야기에 귀 기울이며 상처로 닫힌 마음을 열어주지 않았을까.

날아오르는 까치를 보며 희망을 얻었던 샘처럼, 내 모습이 누군가의 희망이 될 수 있을 때 공감은 힘을 얻는다. 그러기 위해서는 먼저 자신의 삶을 제대로 살아내야 한다. 위기를 이겨내고 아픔을 극복하며 희망을 놓치지 않을 수 있어야 한다. 말은 거창하지만 어렵게 생각하지 않아도 된다. 몸이 아프고 마음이 쓰려도 꾹 참으며 일터에 나가는 고단한 모습도, 천적 같은 상대의 괴롭힘을 온몸으로 견디며 자리를 지키는 의연한 모습도 모두 공감의 본보기가 될 수 있다. 그렇게 상처를 이겨낸 흉터가 아름답게 빛나고 있을 때 공감은 치유가 된다.

시험에서 좋은 점수를 얻기 위해서는

하나의 정답만 고르면 되지만 관계의 문제에서는

하나의 정답만 있다고 확신하는 순간

최악의 점수를 받게 된다.

각자의 정답은 있지만, 모두의 정답은 없다는 마음을 가질 때

실타래처럼 얽힌 관계의 문제는 풀릴 수 있다.

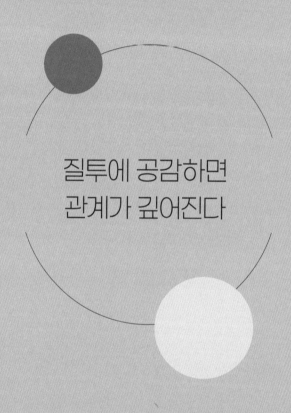

질투에 공감하면
관계가 깊어진다

질투해도 될까

"나 결혼할 때 너희들 별로 신경 쓰지도 않았잖아."

은주 씨는 오래간만에 친구들끼리 모인 자리에서 작년에 있었던 자신의 결혼식 이야기를 꺼냈다. 가볍게 웃으며 말했지만, 그 말에는 아주 진하고 뾰족한 서운함이 담겨 있었다. 그리고 그 말은 맞은편에 앉아 있던 정원 씨를 겨냥하는 말이기도 했다. 은주 씨는 대학 동아리에서 만난 여러 친구 중에서도 특히 가깝게 지내던 단짝이었다. 그런데 작년에 은주 씨가 결혼한다는 소식을 전해왔을 때 정원 씨는 반기고 축하하는 마음보다 강렬한 질투심이 먼저 일어났다.

질투는 아주 사소한 것들이 쌓이면서 시작됐다. 은주 씨는 정원 씨가 소개해준 모임에서 지금의 남편을 만났다. 그리고 정원 씨가 꿈꾸는 신혼여행지였던 북유럽을 신혼여행으로 다녀왔다. 최근에는 정원 씨가 꼭 가고 싶었던, 세상에서 가장 아름다운 밤하늘을 품은 뉴질랜드의 데카포 호수를 남편과 다녀왔다. 같은 학교를 나와 비슷한 규모의 직장에 다니고 있었지만 다양한 재테크로 돈을 번 은주 씨는 화려한 결혼식을 열고 서울 근교에 자기 명의로 신혼집을 마련했다. 은주 씨의 이런 모습이 정원 씨는 얄밉고 못마땅했다.

이 둘의 사이에서 은주 씨가 잘못한 일은 없다. 은주 씨는 자기 삶을 열심히 살았을 뿐이다. 인성에 문제가 있었던 것도 아니다. 돈을 많이 벌었어도 예전처럼 정원 씨를 대했고 친한 친구로서 자신의 기쁨을 함께하길 원했다. 하지만 은주 씨가 행복에 빠져 있는 동안 정원 씨는 연애도 하지 못했고 여행도 가지 못했으며 많은 돈을 벌지도 못했다. 이런 차이가 정원 씨에게 질투심을 느끼게 만들었다. 이제 자신과는 전혀 다른 삶을 사는 은주 씨의 모습에서 예전과는 다른 낯선 이질감도 들었을 것이다. 그래서 바쁜 회사 일정을 핑계로 일부러 은주 씨의 결혼에 관심을 두지 않았고 결혼 뒤에도 은주 씨를 외면했다. 그렇게 둘의 관계는 조금씩 멀어져갔다. 은주 씨와의 사이가 점점 멀어지면서 정원 씨는 자신이 어른스럽지 못하게 행동하고 있다는 생각이 들었다. 질투심 때문에 자신을 진심으로 대하고 있던 은주 씨에게 상처를 주고 자신 또한 친구의 행복을 시기하는 치졸한 사람처럼 느껴져 괴로운 마음이 들었다.

'가식적이지만 은주를 축하하고 행복을 빌어주는 게 더 나은 행동이었을까? 그렇게라도 친분을 이어나가야 했을까?'

정원 씨는 어떻게 하는 게 자신을 위해 옳은 행동인지 깊은 고민에 빠졌다.

기쁨에 공감한다는 것은 어려운 일이다

우리가 흔히 말하는 '기쁜 일을 함께 즐거워해주는 친구가 진짜 친구'라는 말은 반은 맞고 반은 틀린 말이다. 만약 그 친구가 나와 금전적으로 얽혀 있어서 그의 투자 성공이 나에게도 이익을 주는 관계라면 친구의 기쁨을 내 일처럼 기뻐할 것이다. 물론 다른 사람 앞에서는 친구의 흉을 보거나 친구의 성공이 자신 덕분이라며 허풍을 떨 수 있겠지만, 곧 얻을 이익을 생각하며 진심으로 기뻐하는 마음도 생길 것이다.

하지만 순수한 친분의 관계라면 상황은 달라진다. 우리는 끊임없이 남과 자신을 비교하는 본능을 가지고 있다. 특히 자신과 가깝고 친한 상대일수록 일거수일투족을 비교하며 남몰래 평가하게 된다. 상대가 좋은 옷을 사면 나도 좋은 옷을 사야 하고 새 차를 사면 나도 새 차를 사야 직성이 풀린다. 그래서 순수하게 친한 사이일수록 기쁜 일에 함께 기뻐해주는 것이 어려워진다. 친구의 기쁨을 내 일처럼 기뻐한다는 것은 친구라면 가져야 할 당연한 마음이 아니라 비교 본능을 극복하는 놀라운 일이다.

그러니 친구의 기쁨을 함께해주지 못한다고 해서 자신에게 실망하지 않아도 된다. 좋은 친구가 될 수 없는 것도 아니다. 옹졸하고 어른스럽지 못한 행동을 하는 것도 아니다. 오히려 비교 본능이 제대로 작동하고 있다는 건강한 반응으로 받아들여야 한다. 비교 본능이 있었기에 우리는 상대를 뛰어넘으려는 욕망을 일으키며 나를 성장시켜올 수 있었다.

질투심이 들 때는 이 감정을 숨기려고 친구를 피하거나 서운하게 대하지 말고 내가 느끼고 있는 그대로의 감정을 친구에게 표현하는 것이 좋다. 다만 최대한 진정성 있게 말해야 한다는 점만 주의하면 된다.

내가 느끼는 감정을 솔직히 표현했을 때 그 감정을 상대가 잘 받아준다면 그와는 질투를 공유하는 더 깊은 관계의 친구가 될 수 있다. 물론 상대가 내 마음에 공감해주지 못할 수도 있다. 그렇다면 안타깝지만, 이제 그 친구와 좀 더 먼 거리를 둬야 할 때가 왔다고 생각해야 한다. 질투에 대한 공감은 좀 더 성숙한 관계로 나아가는 중요한 관문이다. 그 관문을 통과하지 못하면 정원 씨처럼 괴로운 마음으로 친구의 주위를 떠돌 수밖에 없다. 친구 또한 나를 경계하며 진정한 친구로 생각하지 않게 될 것이다. 그래서 멀어져야 한다. 더는 상처를 주지 않기 위해서. 질투를 받아들일 준비가 되지 않은 상대를 위해 조금 멀리 있어야 한다.

기쁜 일에 함께 기뻐해줄 수 있는 친구도 내 편이지만, 정말 내 편인 친구는 질투하는 마음조차 공감할 수 있는 사이여야 한다.

질투를 또 다른 에너지로

질투심이 문제가 되는 경우는 동화 〈백설공주〉에서 왕비가 백설공주에게 품었던 마음처럼 '너를 없애면 내가 가장 아름다운 여인이 되겠지' 같은 극단적인 마음을 가질 때다. 극단적인 질투심은 언젠가 폭력으로 드러나 상대를 괴롭히는 가학적 행동을 일으킬 수 있다.

이런 극단적인 경우가 아니라면 질투는 오히려 나를 성장시키는 열정이 될 수 있다. 질투를 의미하는 jeal·ous는 열정을 의미하는 zealous와 같은 어원을 갖는다. 언어의 어원이 같다는 말은 질투와 열정이 전혀 다른 말이 아니라 다른 식으로 표현되는 같은 뿌리의 감정이라는 말이기도 하다.

사신의 삶을 열정적으로 사는 사람일수록 자신보다 나은 상대, 쫓아가야 할 상대에게 질투를 느낀다. 열심히 살고 있기에, 오늘도 누군가에게 시기와 질투를 느끼고 있을 우리가 해야 할 일은 그 마음이 서로를 다치게 하는 아픔이 아닌 성숙한 관계로 이끄는 디딤돌이 될 수 있도록 잘 어루만지고 달래는 일이다.

공감을 잘한다는 건 시소를 잘 타는 것이다.

시소를 잘 타려면 한쪽으로 시소가 기울어져 멈추지 않고

번갈아 가며 오르내리도록 양쪽의 무게를 잘 조절해야 한다.

상대에게 잘해주고 상처받는 것은

상대가 나를 알아주지 않아서가 아니라

내가 시소를 잘 타지 못했기 때문이다.

상대에게만 공감하느라

내 욕망을 외면한 대가를 치르는 것이다.

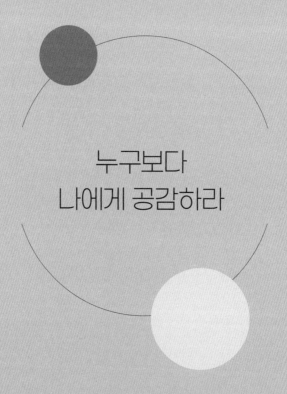

누구보다
나에게 공감하라

"잘 다녀올게요."

스물한 살 가을, 나는 논산에 있는 신병 훈련소에 입소하기 위해 부모님과 짧은 인사를 나누고 집을 나섰다. 논산까지 가는 길은 친한 친구가 배웅해주기로 했다. 약속 시간 30분 전에 서울역에 먼저 도착한 나는 두 장의 표를 끊고 친구가 오기를 기다렸다. 하지만 시간이 돼도 친구는 나타나지 않았다. 집에 전화를 걸어보니 수화기 너머로 이제 막 일어난 듯 잠에 취한 친구의 목소리가 들렸다.

"아, 어떡하지. 이제 일어났어. 금방 갈게. 조금만 기다려."

"아니야, 이제 기차 타야 해. 괜찮아. 그럴 수도 있지. 나 혼자서 가면 되니까 걱정하지 말고 휴가 나오면 보자."

수화기 너머로 미안해하는 친구를 안심시키고 기차에 올랐다. 입영 열차에는 나처럼 입대를 위해 논산으로 가는 사람들이 여럿 보였다. 그들은 하나같이 가족이나 친구들과 모여 앉아 따뜻하고 돈독한 분위기를 풍기고 있었다. 나는 논산에 도착할 때까지 묵묵히 창밖민을 바리보았다. 창밖에는 추수가 끝난 논밭의 풍경이 아름답게 펼쳐져 있었다.

논산에 도착하니 허기가 밀려왔고 가장 먼저 눈에 띄는 식당에 들어가 그날의 첫 끼니를 시켰다. 식당에는 파르스름한 머리의, 이제 막 스물을 넘긴 듯 앳돼 보이는 입소 대기자들로 가득 차 있었다. 나는 가장 구석에 자리 잡고 앉아 볼품없이 차려진 음식을 억지로 먹으며 사람들의 얼굴을 천천히 둘러보았다. 잔뜩 상기된 그들의 얼굴에서 낯선 곳에 대한 불안과 두려움을 읽을 수 있었다. '쯧쯧, 저렇게 마음이 약해서 뭘 할 수 있겠어.' 그들의 불안한 안색을 보며 혼자이지만 의연하게 상황을 즐기고 있는 내가 대견스러웠다.

그런 생각을 하며 한참 밥을 먹고 있는데 맞은편에서 가족과 식사를 마친 아주머니 한 분이 테이블로 다가왔다. 그리고 내 앞에 따뜻하게 데워진 캔 커피 한 개를 내려놓으며 어깨를 쓰다듬어주고 식당을 나갔다. 거절할 틈도 없이 순식간에 일어난 일이었다.

'뭐 하는 거지? 왜 나에게 이런 걸 주는 거야? 어깨는 또 왜 만 셔? 이상한 사람이네.'

속으로 중얼거리며 다시 밥을 먹었다. 그런데 그 순간, 나도 모르게 공깃밥 위로 눈물이 떨어졌다. 깜짝 놀라 눈을 훔치니 눈가에 눈물이 고여 있었다. '내가 왜 이러지?' 참으려 해도 눈물은 계속 흘렀고 목이 메어 더는 밥을 먹을 수 없었다.

그때의 눈물은 아직도 내 마음속에 선명한 자국으로 남아 있다. 운동회나 졸업식에 부모님이 오지 않아도, 외딴곳에 떨어져 몇 개월씩 혼자 지내도 괜찮았다. 나는 나 자신을 정서적 홀로서기에 성공한 단단하고 강한 사람이라고 생각하고 있었다. 외로움에 단련됐다고 자부하고 있었다. 입대가 대단한 일이라고 생각하지도 않았다. 그런데 왜 그랬을까? 나는 왜 밥을 먹으며 서러운 눈물을 흘렸던 걸까?

나는 내 감정을 몰랐다

한참 혈기 왕성했던 20대에는 세상을 이성적으로 보려고 노력했다. 마음이 움직이는 대로 행동하는 것보다, 머리가 판단하는 대로 행동하는 것이 옳은 일이라고 생각했다. 어릴 적, 내가 나를 지키기 위해서는 무엇보다 감정에 휘둘리지 않아야 했다. 따뜻하게 받아줄 사람이 없을 때 드러내는 감정은 오히려 상대에게 나를 얕잡아보게 하는 약점이 될 뿐이라는 걸 경험을 통해 알고 있었다. 그런 성장 과정이 있었기에 나는 성인이 돼서도 내 감정을 어떻게 받아들이고 표현해야 하는지 제대로 알지 못했다. 웃을 때도, 울 때도, 화를 낼 때도, 내가 이렇게 감정을 표현해도 되는지부터 먼저 살펴봐야 했다.

그렇게 살아왔으니 입대라는 혼란스러운 상황에서도 내 감정을 누르기만 할 뿐 공감하지도 다독여주지도 못했다. 하지만 사람의 감정은 이성보다 솔직하다. 머리로는 아무리 괜찮다고 말해도 감정은 차가운 이성을 뚫고 올라와 내 마음이 지금 어떤 상태인지 분명히 나에게 표현해준다.

스물한 살의 청년에게 입대는 당연히 두려운 일이다. 그 두려움을 안고 가족과 친구라는 유대감으로 뭉쳐진 사람들 속에 혼자 있어야 한다는 것 역시 외로운 일일 수밖에 없다. 그러니 당연히 나는 그 순간 두렵고 외롭고 서러워야 했다. 하지만 나는 그러면 안 된다고 생각했다. 내가 느끼는 감정 따위는 중요하지 않다고 믿고 있었다. 오히려 슬퍼지려는 자신을 꾸짖으며 감정적으로 동요하고

있는 입영자들의 불안을 조소하듯 바라봤다. 그런 모습에 내 마음은 얼마나 힘들었을까. 지금 생각해보면 그날 터져나온 울음은 이제 그런 힘든 짓은 제발 그만하라는 이성을 향한 감정의 오열이었을지도 모른다.

이겨도 기쁘지 않은 다툼이 있다면 마음속에 일어나는 이성과 감정의 다툼일 것이다. 이 둘은 언제나 서로를 만족시킬 줄 아는 동반자가 돼야 한다. 이성적인 냉철함만큼 감정적인 따듯함이 있어야 하고 일어나는 감정에 대해 이성적인 해석을 할 수 있어야 한다. 그렇지 않으면 이성은 감정을 억압하는 적이 되고 감정은 합리적인 판단을 방해하는 훼방꾼이 될 뿐이다.

만약 내가 감정을 잘 들여다볼 줄 알았더라면, 슬픔과 외로움에 공감할 줄 알았더라면 두려웠던 그곳에 함께 가달라고 좀 더 많은 사람에게 부탁했을 것이다. 부모님에게는 내 감정을 솔직히 말하며 나를 위로해달라고 먼저 다가가 어리광을 부렸을 것이다. 그랬다면 그렇게 가슴 아픈 기억은 좀 더 따듯한 기억으로 남아 있지 않았을까.

나 자신을 보듬고 용서할 줄 알아야 한다

많은 사람을 만나다 보면 그때의 나처럼 자신의 감정을 봉인한 채 살아가는 사람을 보게 된다. 그들은 대부분 삶의 힘든 고비를 넘고 있으면서도 나는 괜찮다고, 아무렇지도 않다고 웃으며 말한다. 그래선 안 된다. 억지로 웃을 필요도 없고 별거 아니라고 말하지 않아도 된다. 대신 내가 이렇게 힘들고 아프다고 큰 소리로 말할 수 있어야 더는 상처받지 않을 수 있다.

만약 다시 그때로 돌아가 나를 만날 수 있다면 삶의 진실을 따지는 것만큼이나 감정에 공감할 줄 아는 것도 중요한 일이라고 조언해주고 싶다. 울고 싶을 때 울고, 웃고 싶을 때 웃으며 두려울 때 두렵다고 말할 수 있는 것, 때로는 아이처럼, 때로는 예술가처럼 내 마음을 풍성하게 드러낼 수 있을 때 행복해질 수 있다고 말해주고 싶다. 그리고 이제는 어리숙했던 과거의 나를 그만 용서해주고 싶다. 어쩔 수 없었던 그때의 상황을, 그때의 행동을, 모자랐지만 최선을 다했던 나를 꼭 안아주며 말해주고 싶다.

'그건 네 잘못이 아니야. 네 잘못이 아니었어…'

상대를 있는 그대로
인정한다는 것

공감과 비난은 한 끗 차이

"선생님, 제 친구에게 무슨 말을 해야 할지 모르겠어요. 제가 모델 일에 대해 안 좋게 말하면 화만 내고, 저와 더 이상 말하려 하지도 않아요."

세아 씨는 친구 민지 씨가 걱정돼 잠을 이룰 수 없었다. 민지 씨는 얼마 전부터 취미로 아마추어 모델 일을 시작했다. 흔히 볼 수 있는 일반적인 패션모델이 아닌 '누드모델', 그중에서도 주로 파격적인 퍼포먼스를 선보이는 퍼포먼스 누드모델이었다.

"찍은 사진을 저에게 보여줬는데, 세상에, 친구가 옷을 벗고 온몸에 파란색 페인트를 칠했더라고요. 원래 굉장히 내성적인 친구였는데…. 어떡하죠? 선생님."

세아 씨는 낯선 작가 앞에서 나체를 드러내며 과감한 자세를 취하는 친구가 이해되지 않았다. 한편으로는 혹시 사진을 찍는 과정에서 불미스러운 일이 생기지 않을지, 찍은 사진이 불법으로 유통되지는 않을지 걱정이 앞섰다. 그래서 세아 씨는 민시 씨를 볼 때마다 싫은 소리를 했다.

"안 돼! 안 된다고! 너 어쩌자고 그러는 거야. 다른 취미를 찾아봐. 몸을 쓰고 싶으면 요가나 필라테스는 어때? 아니면 등산 모임이나 사이클 동호회도 있잖아."

세아 씨는 민지 씨가 걱정돼서 하는 말이었지만 민지 씨는 자신을 못마땅하게 여기는 세아 씨가 불편했다. 얼마 전에는 세아 씨에게 이런 말을 했다고 한다.

"사실 나도 왜 내가 이런 사진의 주인공이 되고 싶은지 모르겠어. 하지만 한 가지는 확실히 알 것 같아. 적어도 난 네게 공감받고 싶지, 비난받고 싶지는 않다는 거야."

민지 씨의 단호한 태도에 세아 씨는 더 이상 할 말이 없었다.

각자 자신만의 방식으로 산다

"세아 씨, 친구가 취미로 운동을 하거나, 모임을 하는 건 괜찮다고 하면서 왜 모델 일은 반대하는 거죠?"

"아니, 다른 모델도 아니고 계속 알몸으로 사진을 찍겠다는데 어떻게 반대를 안 해요? 엄연히 사회적 시선이란 게 있는데 혹시 나중에 문제가 되면 어떡해요. 이제 서른 중반이 돼가니, 나이 드는게 아쉬워 개인 소장용 사진을 찍는 것 정도는 저도 이해할 수 있어요. 그런데 이건 아닌 것 같아요."

세아 씨는 단호했다.

우리는 각자 자신만의 방식으로 삶의 안정을 찾는다. 어떤 사람은 축구나 농구를 하면서 자로 잰 듯한 조직력을 느낄 때 안정을 찾고, 낚시나 여행, 음악과 미술 같은 예술 활동을 통해서 안정을 찾기도 한다. 안정을 찾는 성향이 모두 다르기에 우리는 타인이 추구하는 안정의 방식을 이해하지 못할 때가 많다. 이른 새벽에 조기 축구를 하며 땀 흘리는 상쾌함을 아침잠이 많은 친구는 이해하지 못하고 말없이 앉아 물고기를 잡는 낚시의 손맛을 수다가 취미인 친구는 이해하지 못한다. 물론 그 사람 앞에서는 괜찮은 취미를 갖고 있다며 이해하는 척하지만, 시간이 지나면 함께할 수 없는 취향의 차이로 사이가 멀어지기도 한다. 특히 내가 싫어하는 취미를 가진 상대에게는 세아 씨처럼 서슴없이 비난하며 나무라기도 한다.

"세아 씨는 사진에 대해 얼마나 알고 있나요?"

답답한 표정을 짓고 있는 세아 씨에게 나는 차를 건네며 말했다.

"사진이요? 글쎄요."

세아 씨는 잘 모르겠다는 듯 고개를 저었다.

"제 주위에도 취미가 모델인 친구가 한 명 있어요. 부모님이 엄격해서 성인이 된 뒤에도 10시 전까지 집에 들어가야 했던 친구였는데 서른이 되고 나서 갑자기 세미누드 사진을 열심히 찍고 다니더라고요. 갑작스러운 친구의 변화가 의아해서, 왜 누드사진을 찍는지 물었더니, 그냥, 좋대요. 작가의 시선이 잠시도 자신을 놓치지 않으려 애쓰는 모습을 보면 묘한 만족감이 느껴진다면서. 그래서 자꾸 사진을 찍게 된다고 하더라고요."

친구가 모델로 나온 사진 작품 속에는 평소에는 볼 수 없었던 다양한 표정들이 살아 있는 듯 꿈틀거렸다. 실제로 모델 일을 취미로 하게 되면서 예민하고 어두웠던 친구의 성격이 많이 밝아졌다.

몸매 관리를 위해 운동을 더 열심히 했고 자신을 가꾸는 데 투자를 아끼지 않았다.

"어쩌면 민지 씨도 그런 느낌을 받지 않았을까요? 몇 시간에 걸쳐 오직 자신의 몸을 통해 영감을 표현하려는 작가를 보면서 '난 이렇게 멋지고 괜찮은 사람이었어'라는 만족감이 들었을 거 같아요. 어쨌든 친구가 계속 모델을 하고 싶어 하는 걸 보면 사진을 통해 긍정적인 경험을 하고 있다는 뜻이 아닐까요. 그런 좋은 느낌을 받을 수 있다면 괜찮을 것 같은데요?"

세아 씨는 내 의견을 받아들이기 힘들다는 표정으로 팔짱을 끼며 말했다.

"아무리 좋아도 한두 번이면 되지 않아요? 어떻게 그런 사진을 매주 찍어요?"

"아마 친구분이 매일같이 자기의 존재감을 확인하고 싶은 마음이 일어나기 때문일 거예요. 만약 일상에서 희미해져 가는 존재감을 해소할 만한 다른 무언가를 발견했다면 그것이 친구의 또 다른 취미가 됐겠죠."

세아 씨의 이야기를 들으며 나는 김미루 작가를 떠올렸다. 그녀는 상식을 뛰어넘는 퍼포먼스로 잘 알려진 세계적인 행위 예술가

이자 사진작가다. 뉴욕에서는 돼지 두 마리와 함께 104시간 동안 나체로 지내는 퍼포먼스를 선보였고 폐허가 된 필라델피아의 발전소나 지하 무덤인 카타콤베, 파리의 터널을 나체로 다니며 사진을 찍기도 했다. 이렇게 파격적인 작품을 만들지만 어렸을 때는 더럽고 어둡고 혐오스러운 것을 보면 공포에 가까운 거부감이 드는 심한 결벽증이 있었다고 한다. 그런데 어느 날 문득 공포를 피하지 않고 깊이 들여다보고 싶은 마음이 들었고 그때부터 공포를 직접 느낄 수 있는 사진 작업을 시작했다. 폐허가 된 공간에서 원초적인 몸을 통해 느껴지는 공포를 뛰어넘고 싶은 열망이 그녀가 보여주는 퍼포먼스의 철학이었다. 그녀의 모든 행위는 자신의 한계를 뛰어넘으려는 도전이자 용기였다.

그저 곁에서 지켜봐줄 것

사람들은 자신이 이해할 수 없는 상대의 행동을 접하면 먼저 그 이유부터 찾으려 한다. "도대체 왜 저러는 거지?", "무엇 때문에 저런 행동을 하는 거지?" 의아해하며 원인을 알고 싶어 한다. 하지만 내가 파란색을 좋아하는 이유를, 가죽보다 천을 좋아하는 이유를 정확히 꼬집어 설명하기는 어렵다. 감각적 선택은 논리적인 이유가 아닌, 오감의 만족으로 결정되기 때문이다. 민지 씨의 선택 역시 그런 경우에 가까웠다. 감각적 선택은 이해가 아닌 공감을 통해 받아들여야 한다.

"어렵겠지만 친구의 행동을 분석하고 이해하려 하지 말고 있는 그대로 공감해주세요. 친구와의 대화가 이제는 좀 더 깊어질 필요가 있을 거 같아요. 단순히 '된다', '안 된다'가 아니라 새로 시작한 취미의 즐거움과 괴로움, 희망과 절망에 관한 이야기를 함께 나눠보세요. 이런 대화가 친구를 위해 필요한 대화인 거 같아요. 친구의 누드는 또 다른 삶을 경험하고 싶다는 도전과 용기의 산물이기도 해요. 그런데 왜 그게 누드였는지는 친구 자신도 모르고 있는 것 같아요. 그럴 수 있어요. 분명 친구의 삶 어딘가에는 그 해답이 있겠지만 어디 있는지 아직 찾지 못한 거겠죠. 그러니 너무 재촉하지 말고 일단 친구가 어떤 변화를 원하는지 함께 고민해주세요. 지금 친구에게 필요한 건 자신의 변화를 편견 없이 지켜봐주는 따뜻한 공감과 기다림일 거예요."

마지막으로 세아 씨에게 당부했다.

"물론 세아 씨의 걱정처럼 불미스러운 일이 생길 수도 있어요. 하지만 그건 친구도 충분히 알고 있을 테니 오히려 대책을 마련하며 공감대를 형성해보세요. 두렵지 않냐고 질문하지 말고, 함께 두려워하는 거죠. 그렇게 함께 걱정해주는 사람이 있을 때 내 행동에도 과속을 막아주는 브레이크가 걸리게 돼요. 내가 괜찮은 행동을 하고 있는지, 부끄러운 행동을 하는 건 아닌지, 나를 걱정해주는 사람의 시선으로 다시 한번 되돌아보게 되거든요. 이제부터라도 비난과 의심이 아닌 부드러운 걱정의 말과 괜찮다는 긍정의 시선을 보내주세요. 타인에 대한 공감은 그의 삶을 따뜻한 시선으로 바라볼 수 있을 때 시작되니까요."

과연 세아 씨가 친구의 마음에 공감할 수 있을까? 어쩌면 둘은 점점 사이가 멀어지다가 더는 만나지 않는 사이가 될지도 모른다. 하지만 그 또한 나쁘지 않은 이별이다. 상대의 마음속에 더 이상 들어갈 수 없다는 생각이 들 때가 이제는 서로 다른 길을 가야 한다는 신호가 되기도 한다. 타인에게 공감한다는 건 꼭 타인과 좋은 관계를 유지하는 것만을 의미하지는 않는다. 더는 다투지 않고 평화롭게 헤어질 수 있는 것도 상대를 온전히 공감할 때 가능한 일이다. 미워하거나 탓하는 마음 없이, 각자의 길에서 빛나기를 바라면서, 세아 씨는 세아 씨의 길을, 민지 씨는 민지 씨의 길을 떠나는 것도 서로를 존중해주는 성숙한 공감의 마음이다.

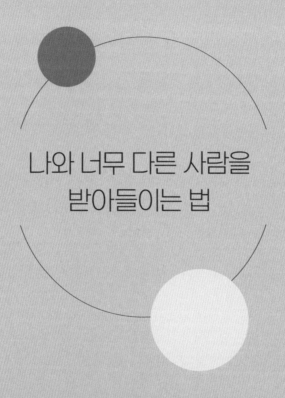

나와 너무 다른 사람을
받아들이는 법

달라서 싫다

"왜 치우지 않는 걸까?"

선희 씨는 청소하지 않는 룸메이트 윤하 씨 때문에 속이 터졌다. 분명 방을 같이 쓰게 되면서 약속했던 규칙들이 있었다. 청소와 설거지, 보안 관리까지 각자가 맡은 역할과 해야 할 분량도 정해두었다. 어려울 게 없었다. 설거지야 자기가 먹은 음식과 식기만 치우면 되고 다른 친구를 데려오거나 특별히 늦게 다니는 일도 없으니 보안 문제도 신경 쓸 일이 없었다. 유일한 문제는 청소였다. 윤하 씨가 청소하는 날은 방이 깨끗해지지 않았다. 나름대로 열심히 하는 것 같은데 전혀 티가 나지 않는 것이다. 답답한 마음에 도대체 어떻게 청소를 하길래 이 모양인지 자세히 지켜보니 왜 그런지 알 것 같았다. 물건을 정리해도 가지런히 놓는 게 아니라 대충 한곳에 모아뒀고 청소기를 돌려도 구석구석 하지 않고 힘주어 바닥을 닦지도 않았다. 자세히 보면 성의 없이 설렁설렁 치우는 시늉만 하고 있었다. 처음에는 잔소리도 하고, 청소 방법을 가르쳐주기도 했지만 그때뿐이었다. 시간이 지나면 다시 자기 방식대로 되돌아 갔다. 방이 지저분해도 윤하 씨는 전혀 불편을 느끼지 않는 것 같 았다. 힘든 건 선희 씨뿐이었다.

처음에 선희 씨는 윤하 씨가 청소에 관심 없는 것을 성향의 차 이라고 생각했다. 그리고 윤하 씨가 청소 기술이 없는 것은 청소해 본 경험이 많지 않기 때문이라고 여겼다. 하지만 시간이 지날수록 선희 씨에게 윤하 씨의 성격은 고쳐야 할 게으름으로 여겨졌다. 심 지어 자신은 청소를 잘해서 유능한 사람이고 윤하 씨는 청소를 못 해서 무능력한 사람이라는 생각마저 들었다.

섞이는 다름과 섞이지 않는 다름

'청소를 잘하는 선희 씨는 옳고 청소를 못 하는 윤하 씨는 틀렸 다.' 만약 누군가 이렇게 말한다면 사람들은 깜짝 놀라며 대꾸할 것이다.

"틀린 게 아니라 서로 다른 거예요. 서로 잘하는 일이 다를 뿐이 죠."

맞는 말이다. 나도 그렇게 생각한다. 그런데 이 말을 들을 때마다 의문이 든다. '틀렸다'는 말은 언제나 옳지 않은 밀이고, '나르다'는 말은 옳은 말일까? 나는 틀렸다는 단정적인 말만큼 다르다는 말 또한 위험하게 쓰이는 경우를 자주 봐왔다. 특히 다름을 인정하라는 말이 '너도 옳고 나도 옳다'는 각자의 차이를 인정하라는 뜻이 아닌 '급이 다른 차이'를 인정하라는 말로 쓰일 때가 그랬다.

우리는 다름을 기준으로 수없이 많은 편을 가른다. 남녀가 다르니 편을 가르고, 인종과 학력, 재력의 다름으로 편을 가르기도 한다. 달라서 각자 옳은 게 아니라 다르기에 서로의 가치를 판단할 수 있는 기준이 필요하다며 순위를 정하고 서열을 매긴다. 좀 더 솔직히 말하면, 아무리 좋은 의도를 가지고 다름을 인정해도 결국에는 다른 것은 다르게 느껴질 뿐이다. 그래서 다름을 인정하는 것은 상대의 고유한 가치를 인정하는 게 아니라 선희 씨처럼 오히려 내가 맞다는 것을 선명하게 부각해줄 때가 많다.

'틀린 게 아니라 다른 것이다.' 하지만 그 다른 것은 조만간 다시 틀린 게 된다. 서로 다른 사람이 만나 친해지기 시작할 때면 한결같이 다른 점은 천천히 맞춰가면 된다고 호기롭게 말하지만 결국 그 다른 것에 적응하지 못해 헤어진다. 헤어질 때는 그의 다름이 어느새 상종하지 못할 틀린 것이 돼버리는 것이다.

그러니 나와 다른 것들을 너무 쉽게 생각해서는 안 된다. 수용할 수 있는 다름은 애당초 처음 봤을 때부터 다르다는 생각이 들지 않는다. 대신 흥미로워 보이고 호기심을 불러일으킨다. 한참 커피를 즐길 때, 보이차를 마시는 친구를 보며 취향이 다르다는 생각보다 보이차에 대해 알고 싶은 생각이 먼저 들었다. 보이차에 대해 이질감이 아니라, 나도 저걸 먹어봤으면 좋겠다는 호기심이 든 것이다.

다름을 처음 접했을 때, 이질감과 호기심 중 어떤 감정이 먼저 들었느냐는 다름을 대하는 중요한 기준이 된다. 이질감이 든다면 시간이 지나도 익숙해지기 힘든 경우가 많다. 맞춰가려고 노력할수록 내가 소모되고 손해 보는 느낌이 들기도 한다. 하지만 호기심이 생긴다면 다름은 경험의 틀을 확장하는 긍정적인 역할을 해준다.

선희 씨에게 윤하 씨의 청소 스타일은 서로 섞이지 못하는 이질적인 다름이었다. 왜 저렇게밖에 못하는지 머리로는 이해했지만 마음으로는 전혀 공감할 수 없었다.

그와 나를 섞이게 하는 것

물과 기름은 아무리 흔들어도 서로 섞이지 못한다. 하지만 계면활성제라는 특정 성분이 들어가면 거짓말처럼 뒤섞인다. 계면활성제의 분자 구조에는 물을 좋아하는 친수성과 기름을 좋아하는 친유성이 동시에 존재하기 때문이다. 이런 구조가 물과 기름의 경계를 모호하게 만들어 서로를 섞이게 해준다. 그렇다면 이질적이라고 느끼는 사람의 관계에서도 서로를 섞이게 해줄 계면활성제 같은 무언가가 존재할까?

선희 씨가 찾아낸 계면활성제는 '약속'이었다. 선희 씨는 자신이 청소를 중요하게 생각하는 것만큼 윤하 씨가 중요하게 생각하는 일이 무엇인지 관심을 가지고 지켜보았다. 윤하 씨가 중요하게 생각하는 건 약속을 지키는 것이었다. 윤하 씨는 20분이면 갈 곳을 40분 전에 출발해 상대가 오길 기다렸다. 조금이라도 약속 시간에 늦을 거 같으면 평소와 다르게 초조해지고 날카로워졌다. 선희 씨와는 다른 모습이었다. 선희 씨는 약속을 정하면 딱 그 시간에 맞춰 도착하거나 5분에서 10분 정도 늦는 건 괜찮다고 생각하고 있었다. 그래서 조금 늦는다고 초조해하지 않았다. 선희 씨는 청소를 잘하지 못해 게으르다고 생각하던 윤하 씨가 약속 면에서는 자신보다 훨씬 정확하고 성실한 사람이라 여겨졌다.

약속의 중요성은 윤하 씨 자신에게도 적용됐다. 언제까지 어떤 목표를 이루겠다는 자신과의 약속을 철저히 지켰다. 그 결과로 수상레저 보트 조정면허와 1종 대형버스 면허를 따기도 했다. 윤하 씨는 불안한 미래를 대비하면서 취미를 즐기기 위해 자격증을 따겠다고 스스로와 약속했고 선희 씨가 보는 앞에서 목표를 이뤄냈다. 선희 씨로서는 상상하기 힘든 추진력이었다. 그리고 이는 이질적인 것이 아닌 선희 씨의 마음을 움직이는 괜찮은 다름이기도 했다.

삶에 우열은 없다

선희 씨는 지저분한 방을 보며 기분이 상할 때마다 윤하 씨의 수상 보트 자격증과 대형버스 면허를 떠올렸다. 그리고 윤하 씨와는 청소에 대한 성향만 다른 게 아니라, 삶을 살아가는 방식 역시 다름을 떠올렸다. 청소 실력은 우열을 가릴 수 있지만 삶은 우열을 가릴 수 없다. 선희 씨가 인정하고 말고 할 문제도 아니다. 윤하 씨는 그렇게 살아왔고 또 그렇게 살아갈 것이다. 윤하 씨가 보여준

약속에 대한 진정성은 윤하 씨와 선희 씨를 섞이게 해주는 계면활성제가 돼주었다.

　특정한 분야의 능력만 생각하다 보면 '나는 잘하고 그는 못 한다'는 우열을 가리게 된다. 우열은 차이가 아닌 차별을 만든다. 차이는 서로 다른 상태를 말하지만, 차별은 다른 상태가 만들어낸 다른 대우를 말한다. 조금 시야를 넓혀 더 많은 다른 것들을 함께 생각하면 특정한 부분의 우열은 큰 의미가 없어진다. 내가 해내지 못한 부분, 내가 어려워했던 부분을 쉽게 해내는 상대의 모습은 그가 얼마나 괜찮은 삶을 살고 있었는지 알게 해준다.
　이질적인 것은 그만의 본성으로 남겨두고 서로 다른 성향을 섞이게 할 무언가를 찾았을 때, 관계는 화합될 수 있다. 그런 계면활성제를 찾기 위해서는 상대가 무엇을 잘하는지, 왜 잘하게 됐는지, 그의 삶 전체를 지켜봐야 한다.

'같음'으로 공감하기

　처음부터 선희 씨는 윤하 씨를 '청소를 싫어하는 사람일 뿐이야'라고 생각해서는 안 됐다. 오히려 성급하게 다름을 인정하는 바람에 윤하 씨를 좀 더 깊이 이해하려는 노력을 외면하게 했다. 다르다고 확신하기에 앞서 먼저 같은 것을 발견하려 애썼다면 서로의 관계는 훨씬 더 빨리 좋아지지 않았을까?

우리는 너무나 쉽게 '틀린 것이 아니라 다른 것'이라고 말한다. 하지만 틀리든 다르든 그것을 수용하는 마음에는 큰 차이가 없다. 틀린 것도 다른 것도 받아들이기 어려운 것은 마찬가지다. 다름을 인정해도 바뀌는 것은 없다. 달라서 차별하고, 달라서 배척하고, 달라서 필요 이상으로 두려움을 가질 뿐이다. 그렇다면 차라리 다른 것보다 틀린 게 나을 수도 있다. 틀린 것은 정답을 찾아 바로잡기 위해 좀 더 생각하고 토론하며 중지를 모을 기회라도 마련할 수 있기 때문이다. 하지만 다른 것은 나와 상관없는 일이라 외면하거나 불편해하며 배척해버린다.

그래서 나는 '틀린 게 아니라 다른 것'이라고 생각하지 않는다. 다름을 쉽게 인정하지 않고 대신 관찰한다. 그는 왜 이것에 흥미를 갖지 못하는지, 그렇다면 무엇을 좋아하고 잘하는지 지켜보고 물어보고 함께 답을 찾아보려고 한다. 그러다 보면 그 속에서 다름이 아닌 같음을 발견하게 된다. 같음 속에서 차별이 아닌 차이를 발견하게 된다.

선희 씨와 윤하 씨는 부지런하다는 점에서 같지만, 선희 씨는 청소를 잘하고 윤하 씨는 자신과의 약속을 잘 지킨다는 차이가 있다. 같음에서 보는 차이는 서로의 다름을 호기심 있게 바라볼 수 있게 한다. 우리가 인정해야 할 것은 다름이 아니라 같음이다. 같음 속에서 다름을 봐아 한다. 타인을 수용하는 마음은 타인과의 같음을 찾아내고 그 안에서의 다름에 공감할 수 있을 때 만들어질 수 있다.

"비난과 의심이 아닌 부드러운 걱정의 말,

괜찮다는 긍정의 시선을 보내주세요.

타인에 대한 공감은 그의 삶을

따듯한 시선으로 바라볼 수 있을 때 시작되니까요."

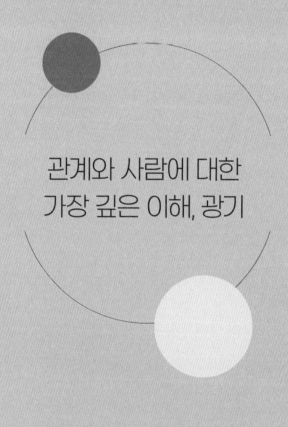

관계와 사람에 대한
가장 깊은 이해, 광기

마니아 - mania

혜원 씨가 연오 씨를 만난 건 대학교 3학년 때였다. 처음에는 한 달에 두 번 있는 공부 모임에서 만나던 사이였는데 말이 잘 통해 개인적으로 만나는 사이가 됐다. 차를 좋아했던 둘은 시간이 날 때마다 삭막한 도시에 보물처럼 숨겨진 찻집을 찾아 차를 마시고 품평하는 시간을 즐겼다. 혜원 씨에게 그 시간은 일상에서 바닥난 에너지를 충전하는 소중한 순간이었다. 하루는 연오 씨가 그녀를 자신의 다실에 초대했다.

"좋은 차가 생겼는데 내 다실에 놀러오지 않을래?"

연오 씨의 제안에 혜원 씨는 잠시의 망설임도 없이 눈을 반짝거리며 대답했다.

"좋지, 너무 기대되는걸."

이제 막 한낮의 더위가 느껴지는 초여름, 혜원 씨는 설레는 마음으로 연오 씨의 다실을 찾았다. 혼자 사는 작은 원룸, 생활공간과 다실을 함께 쓰는 그의 집 문을 열고 들어섰을 때 가상 먼서 눈에 들어온 건 벽에 붙여놓은 책상이었다. 그 책상 위에는 작은 접시 여덟 개가 놓여 있었고 접시마다 소복이 흙이 쌓여 있었다. 혜원 씨는 책상에 다가가 자세히 흙을 살펴봤다.

"이 흙은 왜 여기에 있어?"

"내가 전국을 다니면서 수집해온 흙이야. 녹차를 재배하는 하동, 보성, 순천, 해남에서 두 덩이씩 샘플로 가지고 왔어."

혜원 씨는 연오 씨의 질문을 기다렸다는 듯이 말했다.

"왜 흙을 가지고 오는 건데?"

흙은 보드랍고 건강해 보였다.

"흙에 따라 차 맛이 어떻게 변하는지 알고 싶어서."

연오 씨는 말을 마치자마자 접시에 있는 흙을 티스푼으로 떠서 하나씩 입에 넣고 먹기 시작했다.

"너도 먹을래?"

연오 씨의 갑작스러운 모습과 제안에 깜짝 놀란 혜원 씨는 탁자에서 한걸음 물러나며 손사래를 쳤다. 연오 씨는 혜원 씨가 재미있다는 듯이 바라보며 다시 흙을 입에 넣었다. 물론 정말 흙을 먹는 건 아니었다. 잠시 흙을 입에 넣어 우물거린 후 뱉고 물로 입을 헹

구며 맛과 향, 촉감을 느끼고 있었다. 흙을 입에 넣어 맛보는 시토試土는 접시에 있는 흙을 다 맛볼 때까지 천천히 진행됐다. 시토가 끝난 뒤 연오 씨는 여덟 종류의 흙에서 자란 여덟 개의 차를 가져왔고, 둘은 늦은 밤까지 함께 차를 마셨다.

며칠 뒤 혜원 씨가 다시 찾은 연오 씨의 다실에는 10리터 크기의 물통 30여 개가 바닥에 빼곡히 놓여 있었다. 이번에도 깜짝 놀란 혜원 씨는 연오 씨에게 어디에 쓰는 물이냐고 물었다. 연오 씨는 전국에 물맛 좋기로 유명한 곳을 다니며 담아온 물이라고 했다. 태백산 망정사 용정 약수부터 대둔산 석천암 석간수, 가깝게는 북한산 영취사 약수까지 도대체 무거운 물통을 들고 어떻게 산속을 누비며 물을 담아왔는지 놀라울 뿐이었다. 물을 떠오는 데서 끝난 게 아니었다. 일일이 같은 다기에 똑같은 차를 우려 마시며 물맛에 따른 차 맛을 분석했다. 언제 이렇게까지 차에 빠지게 됐는지 혜원 씨는 연오 씨가 대단하다는 생각이 들었다.

그런데 점점 연오 씨를 깊이 알아갈수록 놀라움은 걱정으로 변했다. 그는 너무 많은 돈과 시간을 차에 쏟아붓고 있었다. 무리해서 비싼 차를 사기도 했고 고가의 다완(찻그릇)을 여러 개 들여놓고 차를 즐기기도 했다. 주말에는 전국에 숨겨진 찻집을 체험하는 다도 여행을 홀로 떠났다. 경제적으로 풍족하다면 문제 될 게 없지만 그런 것 같지도 않았다. 혹시 나중에 찻집이나 차 도매업을 할 생각이냐고 물어보면 차는 어디까지나 취미라고 선을 그었다. 차를 팔아야 한다고 생각하면 차의 순수함에 온전히 집중할 수 없다며 자신은 차를 사랑하는 다도인으로 남고 싶다고 했다.

광기를 봤다면 선택해야 한다

혜원 씨는 연오 씨를 보며 '마니아'란 말이 떠올랐다. 마니아mania는 미쳤다는 뜻의 'mad'에서 파생된 말이다. 한마디로 그는 차에 미쳐 있었다. 함께하는 시간이 길어질수록 혜원 씨는 연오 씨에게서 차에 대한 광기를 느낄 수 있었다. 한편으론 이런 식으로 계속 차를 공부하다 보면 그가 언젠가는 차에 대한 자신만의 일가를 이룰 수 있으리란 생각도 들었다. 하지만 돈벌이가 되지 못하는 이런 열정이 얼마나 지속될지 걱정됐다. 만약 연오 씨가 친구가 아닌 가족이었다면 가족은 돌보지 않고 차에만 미쳐 있는 그가 얼마나 못마땅하게 보일까.

미셸 푸코Michel Foucault의 《광기의 역사》를 보면 한때 인간의 초월적인 신비의 영역으로 여겨지던 '광기'는 17세기 이후 비이성적이고 비합리적인 '비정상'의 의미로 굳어진다. 지금 시대에 광기는 뇌 기능에 이상이 생긴 질병으로 분류된다. 세분된 정신의학은 광기를 강박이나 집착, 편집증, 망상 등의 범주에 넣고 있다. 관계에서 우리가 느끼는 상대의 광기는 이런 역사적 흐름과 맥락을 같이한다. 처음 타인의 광기를 발견했을 때, 나와는 다른 그의 모습에 신기해하다가 시간이 지나 서로 이해를 다투는 일이 생기면, 상대를 비이성적이고 비정상적인 사람으로 생각하게 된다. 그러다 충돌이 더 심해지면 치료해야 할 정신병자로 여긴다.

이런 흐름에 비추어보면 아직 혜원 씨에게는 연오 씨의 광기가 차에 푹 빠져 자신만의 다도를 개척하고 있는 신기한 모습으로 보일 것이다. 하지만 시간이 흘러 조금 더 가까운 사이가 되고 예상하지 못한 다툼과 오해가 생기면 상대를 비정상인 사람이나 정신병자로 몰아세우게 될지도 모른다. 일반적인 사람과의 관계라면 그렇지 않겠지만 독특한 사람과의 관계에는 많은 갈등이 따르기 마련이다. 한참 연오 씨에게 특별한 감정을 느끼고 있던 혜원 씨는 그와의 관계가 더 깊어지기 전에 관계를 이어가야 할지, 이어간다면 어느 정도 거리를 두고 만나야 할지, 아니면 관계를 정리해야 할지를 진지하게 고민해야 했다. 광기가 혜원 씨를 힘들게 하는 정신병이 될 것 같다면 연오 씨를 떠나야 하고 광기가 만들어낼 그만의 독특한 결실이 기대된다면 설레는 마음으로 곁에 머물러야 한다. 그렇게 다양한 선택지 앞에서 한참을 고민하던 혜원 씨는 결국 연오 씨의 곁에 머물기로 결심했다.

그는 무엇을 진정으로 원하는가

광기는 상대의 욕망을 제대로 이해할 수 있는 가장 훌륭한 근거가 된다. 광기는 무엇을 진정으로 원하고 있는지에 대한 열망과 무엇을 가장 즐거워하는지에 대한 쾌락과 이러한 것들이 채워지지 않을 때 느낄 강렬한 결핍의 정체를 알아채게 해준다. 삶을 살며 추구하게 되는 가장 근원적인 욕구를 알게 되는 것이다.

연오 씨의 경우, 그의 열망은 차에 대한 앎이었고, 쾌락은 차의 맛과 향과 느낌이었다. 결핍은 더 많은 차를 경험하지 못한 것에 대한 아쉬움이었다. 이는 연오 씨가 차를 통해 삶을 받아들이고 잠재력을 일깨우고자 했던 강력한 욕망이기도 했다. 연오 씨에게 세상은 온통 차와 연관돼 있었다. 재미있는 영화를 봐도 어떤 차를 마시며 영화를 볼지 생각하게 되고 슬픈 일이 생겨도 이 아픔을 어떤 차로 달랠지부터 떠올렸다. 그런 연오 씨에게 어떻게 먹고 살지 더 나은 대책을 세우라며 채근하거나, 차 대신 주식이나 부동산에 투자하는 게 어떻겠냐는 현실의 삶을 강요하는 것은 그와의 관계를 악화시킬 뿐이다. 연오 씨와 다투지 않으려면 함께 차에 관해 이야기하거나 무엇으로 삶을 더 성장시킬 것인지에 관한 이야기를 나눠야 한다.

어떤 욕구를 지니고 있는가

욕망은 크게 성장 욕구와 결핍 욕구로 나뉜다. 성장 욕구는 한 분야의 장인이 되는 것처럼, 계속해서 자신의 한계를 초월하고 싶은 욕구를 말한다. 결핍 욕구는 돈이나 권력 같은 아무리 채워도 채워지지 않는 대상에 대한 욕구를 말한다. 어떤 욕구를 가지고 있는지에 따라 상대가 어떤 대화를 원하고 무엇을 삶의 우선순위에 두고 있는지 알 수 있게 된다. 그리고 내가 상대와의 관계를 감내할 수 있을지, 아니면 서로 다른 길을 가야 하는지를 어렴풋이나마 짐작할 수 있게 된다.

만약 내 결핍 욕구가 돈이나 명예, 안정된 삶이라면 이미 그 단계를 지나 자기 초월을 꿈꾸고 있는 사람과는 수많은 현실적인 갈등을 겪을 것이다. 하지만 나 역시 성장 욕망을 가진 사람이라면 그와 함께하는 길이 나쁘지만은 않을 것이다.

혜원 씨가 연오 씨를 선택했던 순간, 연오 씨 역시 혜원 씨와 함께하는 삶을 선택할지 고민해야 했다. 혜원 씨와의 관계를 결정하기 위해 그녀가 어떤 욕구를 가졌는지, 그녀에게도 혹시 자기와 같은 광기가 존재하고 있는지부터 알아야 했다. 그래야 혜원 씨가 어떤 삶의 지향점을 가졌는지 알 수 있기 때문이다.

누구에게나 광기의 씨앗은 있다

단순한 욕구와 광기는 다르다. 욕구는 만족을 모른 채 대상을 바꿔가며 끊임없이 결핍감을 채우려는 생리가 있다. 좋은 옷을 사거나 시계를 사고 싶은 욕구는 어느 정도 그 욕구가 해소되면 좋은 차를 사거나 좋은 집을 사고 싶은 욕구로 옮겨간다. 그 욕구가 채워지면 더 희소한 물건을 사거나 남들이 부러워할 만한 권력을 얻고 싶은 욕구가 되어 자유롭게 대상을 바꿔 다닌다. 그런데 이런 이동 없이 욕구가 한곳에만 머무를 때가 있다. 연오 씨처럼 차를 알고 싶은 욕구가 돈이나 명예로 흐르지 못하고 차 자체에 대한 앎의 욕구에 머물러 움직이지 않는 것이다. 이렇게 이동을 멈춘 욕구가 시간이 지나 마음을 잠식하는 것이 바로 '광기'다.

아무리 온화한 사람도 자기 내면에 광기의 씨앗을 지니고 있다. 상황이 맞지 않아서, 특별한 계기를 만나지 못해서 아직 광기로 발현되지 못했을 뿐이다. 안전핀을 뽑지 않은 폭탄처럼, 방아쇠를 당기지 않은 권총처럼 누구나 잠재된 광기를 품고 산다.

광기의 발현은 아주 사소한 것에서 시작될 수 있다. 더러운 것을 보지 못하는 청결함이 강박적인 결벽증이 되어 장갑을 끼고 문고리를 잡아야 안심이 되는 청결의 광기가 되기도 한다. 물건을 잘 버리지 못하는 습관이 집을 쓰레기장으로 만드는 저장 강박의 광기가 되기도 한다. 증상이 심해지기 전에는 '저 미친놈, 또 저러고 있네' 장난처럼 했던 말이 먼 훗날 그의 미래를 예언하는 말이 될 수도 있는 것이다.

광기에 공감한다는 것은

연오 씨는 아직은 싹트지 못한, 광기의 씨앗을 혜원 씨에게서 발견할 수 있었다. 그녀에게서 발견한 광기의 씨앗은 삶의 본질을 알고자 하는 근원에 대한 욕망이었다. '내가 살아야 하는 의미는 무엇이고 왜 죽음을 두려워하는가'라는 존재 자체에 대한 의문을 혜원 씨는 매일매일 품고 있었다. 그녀의 모든 삶은 그 의문과 맞닿아 있었고, 책을 읽고 사람을 만나며 해답을 찾고 있었다. 혜원 씨의 욕구가 언젠가 모든 삶을 지배하는 광기가 된다면 그녀만의 색이 뚜렷한 삶을 살 수 있을 것 같았다. 그런 모습이 보였기에 연오 씨 역시 그녀를 받아들이고 함께할 삶을 꿈꿀 수 있었다.

지금 그들은 부부가 되어 그들만의 인생을 살고 있다. 연오 씨가 품었던 차의 광기는 이제 시간과 함께 묽어졌지만 대신 그가 우려낸 차 맛은 혜원 씨가 던진 존재의 의문을 품고 더욱 향기로워졌다.

어떤 관계든 사이가 가까워지면 상대에게서 광기의 씨앗을 발견하게 된다. 적당한 거리를 두고 지켜봤을 땐 보이지 않던 상대의 집착과 강박이 가까이 다가서면 조금씩 그 모습을 드러내게 된다. 그 모습을 봤다면 저 씨앗이 자라 광기가 됐을 때 과연 잘 대처할 수 있을지를 생각해야 한다.

만약 상대에게서 인맥을 만들기 위해 애쓰는 관계의 욕망을 발견했다면 그 욕망이 점점 심해져 인맥에 강박적으로 집착하는 광기가 돼가는 모습을 떠올려봐야 한다. 그 과정을 견딜 자신이 있다면 그와 함께할 수 있고 그럴 수 없다면 그쯤에서 서로 다른 길을 선택하는 것이 좋다. 광기의 에너지는 쉽게 꺼지지 않는 태양의 열기와 같아 생명을 살릴 수도, 말려 죽일 수도 있다.

광기를 이해하는 마음은 그가 그토록 갈망하는 삶이 무엇인지를 공감할 수 있게 해준다. 그리고 조용히 커가고 있을 내 광기의 씨앗을 다시 한번 찾아보게 한다. "너는 도대체 왜 그렇게 살고 있니?"가 아니라 "너처럼 내게도 그런 마음이 있을 수 있겠구나" 공감하며 상대의 속 깊은 이야기를 경청하게 해준다.

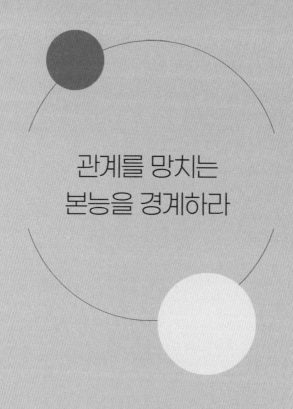

관계를 망치는
본능을 경계하라

샤넨프로이데

감정을 외면하며 사는 것도 문제이지만, 감정에 휘둘려 사는 것
도 문제다. 별생각 없이 내키는 대로 감정을 표현하며 살다 보면
내가 느끼는 감정의 의미가 무엇인지 신경 쓰지 못하게 된다. 의도
하지 않은, 이해하기 힘든 감정이 올라와도 그러려니 하며 괜찮다
고 생각해버린다. 하지만 조심해야 한다. 부적절한 감정은 언젠가
는 말이 되고 행동이 되어 의외의 문제를 일으킬 수도 있다. 지난
겨울 나에게도 내 본능의 감정을 되돌아보게 하는 계기가 있었다.

철퍼덕! 눈이 펑펑 내리던 겨울, 함께 길을 걷던 지인이 미끄러
져 넘어졌다. "이런, 안 다치셨어요?" 나는 재빨리 넘어진 지인의
팔을 부축하며 상태를 살폈다. 다행히 다친 것 같지는 않았다. 그
런데 넘어져 당황한 지인의 얼굴을 보는 순간 나도 모르게 소리
내 웃고 말았다. 방금 전, 넘어지지 않으려고 다리와 팔을 동시에
휘적거리던 우스꽝스러운 모습이 떠올랐기 때문이다. 당혹스러웠

다. 넘어진 사람을 보고 웃고 있다니. 하지만 웃음은 멈추지 않았고 그 뒤로도 가끔 _그_가 진지한 애기를 할 때면 그때의 표정이 떠올라 미소가 지어졌다.

잘 생각해보면 정말 이상한 일이다. 남의 실수와 고통을 보고 이렇게 즐겁게 웃을 수 있다니. 하지만 크게 걱정할 필요는 없다. 타인의 실수를 보고 웃는 것은 사람이 가지고 있는 본능적인 관계의 언어 중 하나이다. 우리는 예능프로그램에서 넘어지거나 황당한 행동을 하는 개그맨의 모습을 보며 크게 웃곤 한다. 너무나 자연스러운 웃음이기에 나는 왜 그의 실수를 보며 걱정하지 않고 웃는 것인지 의문조차 들지 않는다. 이렇게 타인의 실수를 보고 웃는 현상을 심리학에서는 '샤덴프로이데'Schadenfreude라고 한다. 샤덴Schaden은 손상이라는 뜻이고 프로이데freude는 즐거움이라는 뜻이다.

열등감이 만들어내는 웃음을 조심하라

우리에게는 타인의 실수를 보고 즐거움을 느끼는 본능이 있다. 그런 본능이 생긴 이유는 일상에서 움츠리고 위축되기 쉬운 마음이 자기 비하나 학대로 이어지지 않게 하려는 마음의 방어 작용 때문이다. 나도 모르게 조금씩 쌓여온 내면의 열등감을 어루만지며 '저것 보라고! 나보다 잘난 사람도 저렇게 바보 같은 짓을 하잖아!' 안심하며 웃게 만드는 것이다. 그래서 서로 가볍게 웃을 수 있는 사소한 실수의 에피소드라면 샤덴프로이데는 우리의 내면을 밝게 만드는 긍정의 역할을 한다.

그런데 내 마음이 지나치게 위축돼 있거나 열등감에 시달릴 때, 샤덴프로이데는 적당한 선을 넘어 상대에게 상처를 주기도 한다. 열등감이 깊어지면 열등감을 해소하려는 샤덴프로이데의 작용도 비정상적으로 강해지기 때문이다. 웃어서는 안 될 상황에 나오는 웃음은 상대에게 심한 수치심과 모욕감을 준다. 웃음 때문에 좋았던 관계를 망칠 수도 있다. 그래서 우리는 상황에 맞게 샤덴프로이데가 작용하고 있는지 주의 깊게 살펴볼 필요가 있다. 특히 다음 세 가지 상황에서는 웃음을 조심해야 한다.

주의해야 할 세 가지 상황

첫 번째는 타인의 실수가 아닌 실패를 보며 웃는 것이다. 눈길에 넘어진 것은 실수이지만 누군가 시험에 떨어지거나 사업이 부도나는 것은 실패다. 타인의 우연한 실수가 아닌 노력한 결과의 실패를 보고 웃고 있다면 내 본능이 선을 넘고 있다고 판단해야 한다.

노력이라는 기나긴 여정의 숭고한 가치를 가벼운 웃음으로 폄하해서는 안 된다.

두 번째는 공모전이나, 공개 입찰 같은 중요한 경쟁에서 타인을 이겼을 때, 마치 재미로 즐기는 온라인 게임에서 이긴 것처럼 승리에 도취해 있는지 살피는 것이다. 삶은 게임이 아니다. 게임에서 지면 다시 시작하면 되지만 현실에서는 그런 기회가 쉽게 주어지지 않는다. 경쟁에서의 패배는 삶을 무너뜨리는 심각한 결과를 초래할 수도 있다. 만약 내가 패배한 사람 앞에서 게임에서 이긴 것처럼 환호성을 지르고 있다면 이는 승리의 욕망에 눈이 멀어 오직 자신밖에 볼 수 없을 만큼 시야가 좁아졌다는 뜻이다. 주위를 둘러보지 못하는 좁은 시야는 언젠가는 반드시 나를 넘어지게 한다. 내가 승자가 될 때는 항상 패자를 배려하는 마음이 담겨 있는 무겁고 정중한 웃음을 지어야 한다.

세 번째는 상대의 사소한 실수를 평가하며 지나치게 깔보듯 비웃고 있는지를 돌아봐야 한다. 상대를 얕보고 무시하는 마음이 그를 판단하는 기준이 돼서는 안 된다. 만약 몇 번의 실수로 상대가 무능력하다고 단정 짓는다면, 재능을 제대로 알아보지 못한 안타까운 판단을 내릴 확률이 커진다. 저 사람은 원래 저런 사람이라는 경솔함으로 그의 재능을 알아보지 못한다면 내가 맺는 관계의 울타리 안에 제대로 된 사람이 몇이나 되겠는가.

　우리는 타인의 실패를 보며 함부로 폄하하지 않고, 쉽게 승리에 도취되지 않으며 실수를 통해 그를 판단하지 않는 웃음을 지어야 한다. 이런 식의 웃음에 대한 성찰은 타인과 유쾌한 관계를 맺는 데 많은 도움을 준다. 그리고 누군가 나의 실수를 보며 웃고 있는 모습을 봐도 무례하게 생각하기보다 그가 다듬어지지 않은 샤덴프로이데를 가지고 있을 뿐이라는 너그러운 마음을 갖게 된다. 유쾌한 관계를 이어가기 위해서는 무심코 지나칠 수 있는 웃음의 의미를 좀 더 정확하게, 여유롭게 바라볼 수 있어야 한다.

2장

나는
나를 제대로
드러냈는가

용기

용기를 낼수록
관계는 더 자유로워진다

나를 드러내는 것은 어려운 일이다

'나도 저렇게 거침없이 내 주장을 펼칠 수 있다면 얼마나 멋질 까.'

억울한 일을 당해도 물러서지 않고 당당히 맞서는 사람을 보면 드는 생각이다. 억울한 일이 생기면 나는 호흡이 거칠어지고 온몸 이 뻣뻣이 굳어버린다. 할 말은 하는 편이지만 조리 있게 거침없이 말하는 노련함은 없다. 하지만 나에게도 생애 단 한 번, 꿈에 그리 던 멋진 장면이 기적처럼 주어졌던 순간이 있었다.

고등학교 시절 국사 선생님은 성격이 대쪽 같고 엄하기로 유명 한 분이었다. 수업이 있는 날이면 쉬는 시간이 끝나기 5분 전부터 그날 배울 부분을 읽고 있어야 했는데 그렇지 않으면 불호령이 떨 어졌다. 하루는 국사 시간이 아닌 자습 시간에 선생님이 교실 문을 열고 들어오셨다. 당연히 반 아이들은 자유롭게 각자 필요한 공부를 하고 있었고 이 광경을 본 선생님은 버럭 화를 내며 소리쳤다.

"책상 위에 올라가 무릎 꿇어!"

성난 선생님의 포효에 아이들은 대꾸할 생각도 못 한 채 책상에 올라가 무릎을 꿇었다. 그때는 교사의 말 한 마디 한 마디가 거역할 수 없는 절대적 권위를 갖던 시절이었다. 그런데 도대체 무슨 마음을 먹었는지, 평소에는 발표 한 번 하는 것도 쑥스러워 고개를 숙이던 내가, 화난 선생님을 향해 큰 소리로 말했다.

"오늘 오전에 받은 보충 시간표에는 지금 시간이 '자습'이라고 적혀 있습니다. 국사 시간이 아니고요. 그래서 저희는 자습 준비 중이었습니다."

"그래? 그럼 지금 당장 확인해보면 되겠네. 반장! 교무실 가서 시간표 확인하고 와."

허둥지둥 교무실로 뛰어간 반장은 잠시 후 어두운 표정으로 교실로 돌아와 말했다.

"국사 시간입니다."

교실에는 찬물을 끼얹은 것 같은 서늘함이 감돌았다. 매주 바뀌는 보충 수업 시간표가 실수로 잘못 전달되었던 것이다. 사실을 한번 더 확인한 선생님은 큰 목소리로 나를 불렀다. '이제 정말 크게 혼나겠구나.' 나는 두려움에 떨며 고개를 숙이고 앞으로 나갔다.

몇 대 맞을지도 몰라 몸에 힘이 들어갔다. 그런데 선생님 앞에 섰을 때 매서운 몽둥이 대신 전혀 예상하지 못했던 따뜻하고 부드러운 손길이 어깨에 닿았다. 선생님은 어깨를 다독이며 말했다.

"그래, 그렇게 아닌 일은 아니라고 해야지. 그걸 말하는 게 용기고, 그걸 지키려는 마음이 양심이야."

그리고 자신이 담임을 맡고 있던 여학생반에 나를 데려가 괜찮은 녀석이 나타났다고 한껏 치켜세우며 여학생들의 환호를 받게 했다. 그런 상황이 너무 부끄러워 화끈거리는 얼굴로 교탁 옆에 서 있던 내 모습, 열린 창으로는 바람을 타고 가을 냄새가 불어왔고 흰색 커튼이 하늘거리던 그때의 기억이 학창 시절을 통틀어 가장 아름다웠던 기억으로 남아 있다.

아쉽지만 그날 이후로 다시는 이런 멋진 상황을 경험할 수 없었다. 물론 지금도 부당한 일을 겪으면 두근거리는 심장을 부여잡고 최대한 내 의견을 주장하지만, 국사 선생님처럼 차분히 내 말을 들어주며 자신의 성급함을 깨끗이 인정하는 포용력 있는 사람은 만나지 못했다. 지위가 높을수록, 똑똑할수록 그들은 내가 잘못을 지적하면 '당신에게 그럴 자격 있냐'며 불리한 상황을 빠져나갔다. 그리고 잊지 않고 나에게 불이익을 주거나 곤경에 빠뜨렸다.

타인의 목소리에도 귀 기울일 용기

부당한 상황은 '부당함을 풀려는 용기를 온전히 받아주는 사람'이 있을 때 제대로 해결할 수 있다. 잘못을 인정하지 않고 오히려 잘못을 지적하는 상대의 태도와 자질을 못마땅하게 여기는 사람을 만나면 상황 해결은 요원한 일이 된다. 이때 누가 옳은지는 중요한 문제가 아니다. 마지막까지 살아남는 쪽이 진실이 되고 정의가 된다.

부당한 상황을 해결하기 위해 내 의견을 드러내는 용기는 쉽게 낼 수 있는 마음이 아니다. 틀린 걸 틀렸다고 생각하는 건 쉽지만, 행동으로 옮기기는 어려운 일이다. 내 한마디가 생계를 위협하고 생활에 큰 위험이 된다면 함부로 내 감정을 드러내기 힘들 것이다. 내가 겪을 불이익을 생각할수록 스스로를 보호하려는 본능이 마음을 위축시키고 행동을 움츠러들게 한다.

하지만 그렇다고 해서 용기 있는 목소리를 내려는 시도조차 멈춰서는 안 된다. 두려운 마음이 속 깊은 사람과의 인연을 막아서는 장애물이 돼서는 안 되기 때문이다. 자기 잘못을 인정하고 사과할 만큼 마음 그릇이 큰 사람은 마음의 소리를 밖으로 낼 때 만날 수 있는 용기의 선물이기도 하다.

한편으로는 내 목소리를 내는 것만큼이나 타인의 목소리를 들어주는 '수용의 용기'를 내려고 노력해야 한다. 내 목소리를 내는 것만큼 타인의 목소리를 들어주는 것도 중요한 일이다. 잘못된 부분이 있다면 그 부분을 해결하기 위해 마음을 열어놓고 상대를 이해하려는 용기를 내야 한다. 내 잘못으로 억울한 일을 당하는 사람이 없게 하려면 상대가 어렵게 꺼낸 마음의 소리가 구정물을 뒤집어쓰지 않도록 도와줘야 한다.

지금 당장 힘이 부족해 나를 지킬 수 없는 건 어쩔 수 없지만 나보다 힘없는 누군가의 용기를 지켜주는 건 오로지 스스로의 판단에 달린 일이다. 나는 내가 넓은 아량을 가진 귀인이 되는 소중한 순간을 놓치고 싶지 않다. 타인과의 관계에서 모두가 떠난 후에도 마지막까지 남는 기억은 그가 어떤 사람이었느냐가 아닌 내가 어떤 사람이었느냐다.

거절, 서로 상처 주지 않기 위해
가장 필요한 것

"내일 우리 집에 와서 이삿짐 싸는 것 좀 도와줄래?"

토요일 저녁, 친구에게서 뜻밖에 전화가 왔다. 나는 잠시 숨을 고른 후 최대한 미안한 말투로 친구의 부탁을 거절했다.

"미안한데, 어떡하지. 내일 해야 할 일이 있어서 가기 어려울 거 같은데. 미리 연락했으면 시간을 조율했을 텐데, 아쉽다."

사실 급하게 처리해야 할 업무는 없었지만, 쉬는 것도 중요한 일이니 거짓말은 아니었다. 3일 전에만 연락했어도 나는 기꺼이 친구를 도우러 갔을 것이다. 하지만 이렇게 느닷없이 걸려 온 전화 한 통에 휴일을 반납하고 싶지는 않았다.

우리는 하루에도 몇 번씩 상대의 부탁을 거절해야 할 상황에 맞닥뜨린다. 참여하기 싫은 모임에서의 호출이나 동업하자는 제안,

사업에 투자해달라는 부탁까지 관계를 맺다 보면 내 계획과 상관없는 무수한 제안과 요구를 받게 된다. 적당한 거절 없이 이들의 부탁을 들어주다 보면 자기 충전과 휴식을 위해 필요한 소중한 시간을 통째로 빼앗기게 된다. 때로는 마지못해 들어준 부탁이 소소한 충진의 시간이 이닌 삶 전체를 뒤흔들기도 한다.

지금은 사라졌지만 얼마 전까지 '연대보증'이라는 제도가 있었다. 가족이나 친척, 친구가 돈을 빌리려는 사람이 얼마나 믿을 만한 사람인지 보증을 서주는 제도였는데, 당사자에게 문제가 생기면 보증을 서준 사람이 빚더미를 떠안게 되어 가족이 해체되고 본인은 극단적인 선택을 하는 경우도 많았다. 인정에 끌려 상대방을 믿고 베풀었던 선의가 돌이킬 수 없는 불행이 되어 삶을 망가뜨린 것이다.

그래서 수많은 자기계발서에서는 나를 지키고 상대를 원망하지 않기 위해 가장 필요한 것이 '거절'이라고 강조한다. 하지만 그런 필요성을 알고 있어도 거절은 어려운 일이다.

거절을 잘하는 방법

《거절의 미학》이란 책을 쓴 심리학자 수전 뉴먼Susan Newman은 거절 못 하는 사람들의 유형을 다음과 같이 세 가지로 분류했다.

첫 번째는 상대의 비위를 맞춰주기 위해 자신의 감정을 억압하면서 착한 사람으로 남고 싶은 유형. 두 번째는 자기주장을 내세우지 않고 상대의 주장에 수긍해 분쟁을 회피하고 싶어 하는 유형. 세 번째는 거절로 인해 상대에게 외면받을 수 있다는 불안감을 떨치고 싶은 유형이다.

세 가지 유형을 종합해보면 제대로 거절하지 못하는 사람들의 마음에는 거절하면 감당하기 힘든 불이익을 당할지도 모른다는 두려움이 짙게 깔려 있다. 이런 두려움을 잘 알기에 뉴먼은 책에서 힘주어 말한다. 마음껏 거절하며 살아도 생각보다 큰 불이익을 당하지 않고 소외되지 않으니 당신도 불안해하지 말고 거절하는 삶을 살라고. 맞는 말이다. 내가 쉽게 거절하지 못하는 사람이라면 이런 조언을 귀담아들어야 한다. 특히 잘 알고 지내는 친구나 지인 들과의 관계라면 애써 착한 사람이 되지 않아도, 분쟁을 피하지 않아도, 잠시 소외돼도 시간이 지나면 자연스럽게 원래의 관계로 돌아올 수 있을 것이다.

하지만 개인적인 관계가 아닌 사회적 관계에서 거절은 뉴먼의 말처럼 쉬운 자기표현 방식이 아니다. 내가 만약 직장에서 뉴먼처럼 눈치 보지 않고 거절하고 있다면 이는 계급이 뚜렷한 수직적 문화가 아닌 수평적 문화의 조직에서 일하고 있거나, 아니면 정말 운 좋게 거절해도 뒤탈 없는 넓은 마음의 사람과 일하고 있을 때뿐이다.

거절하지 못해도 괜찮다

사회적 관계에서의 거절은 내 이미지를 사회성 없고 친화력이 없으며 자기 밥그릇만 챙길 줄 아는 사람으로 만들 수도 있다. 생각해보자. 지도 교수의 부탁을 단순히 내가 해야 할 일이 아니라거나 하기 싫다는 이유로 거절할 대학원생이 있을까? 인사권을 쥐고 있는 직장 상사의 부탁을 내 업무가 아니라는 이유로 쉽게 거절할 수 있는 사원도 드물 것이다. '싫습니다'라는 한 마디 거절에 가족의 밥그릇이 달려 있을지도 모르는데 부정적인 평판을 만들 수 있는 거절은 절대 쉽게 취할 수 있는 태도가 아니다. 그래서 교수가 쓴 거절 잘하는 법은 있어도 학생이 쓴 거절 잘하는 방법은 없고, 기업 대표가 쓴 거절의 법칙은 있어도 사원이 쓴 거절의 법칙은 찾아보기 힘들다.

사회적 관계에서 거절 여부는 상대가 부탁한 내용이 아닌 부탁한 사람의 권력에 의해 결정되는 것이 일반적이다. 가진 게 있어야 베풀 수 있듯, 힘이 있어야 거절할 수도 있고 상대에게 의지하는 마음이 없어야 자유로운 거절도 가능해진다. 직장인들을 만나 얘기해보면 사소한 거절이 상사의 기분을 상하게 만들어 자신에게 올 수 있는 중요한 기회를 얻지 못했다는 이야기를 자주 듣는다. 일반적인 상사라면 괜찮은 기회가 생겼을 때 평소에 자신의 부탁을 거절했던 사람보다는 힘들지만 부탁을 들어주고 궂은일을 처리해줬던 사람이 먼저 떠오를 것이다.

그렇다면 어떻게 해야 할까? 내가 힘없는 보통 사람이라면 어떻게 거절하며 살아야 할까? 아쉽지만 극적이고 눈이 번쩍 뜨일 만한 새로운 방법은 없다. 이 책에서마저 거절의 후폭풍을 감당하며 무리한 행동을 하라는 말은 하고 싶지 않다. 대신 우리가 할 수 있는 일은 그런 상황에서도 최대한 품위를 잃지 않고 자책하지 않으며 자신을 소중하게 생각하는 것이다. 간절히 지켜야 할 것이 있기에 불쾌함과 비굴함을 무릅쓰고 상대의 제안을 받아들이며 인내하고 있을 뿐이다. 그러니 거절하지 못한다고 해서 자기 자신을 심리적 결함이 있는 유약한 사람으로 여겨서는 안 된다. 의사 표현을 못 하거나 마음이 병든 것도 아니다. 스스로 위축될 필요도 없다. 오히려 누구보다 강한 책임감이 있기 때문이라고 생각해야 한다. 거절하지 못하는 게 아니라, 거절하지 않는 것이라고 자신을 다독여줘야 한다. 그래야 더는 상처받지 않고 나를 지킬 수 있다.

나를 빛나게 해주는 거절

서로가 자신의 이익만을 위해 행동한다면, 그처럼 냉정하고 모진 관계도 없을 것이다. 상대를 위해 나를 희생해야 할 의무는 없지만, 최소한 이기적인 행동은 하지 말아야 한다.

우리가 자주 혼동하는 이기주의와 개인주의는 타인에 대한 배려로 구분된다. 상대의 입장을 충분히 고려한 뒤에 나에게도 이익이 되는 행동을 하는 것은 개인주의다. 하지만 오직 나 하나만을 위해, 내가 전부라고 생각하며 행동하는 것은 이기주의다. 관계를 맺을 때 개인주의적인 모습은 독립적으로 보이지만 이기적인 모습은 혐오스러워 보일 때가 많다. 거절도 마찬가지다. 상대를 힘들게 하는 거절은 대부분 이기적이다. 상대에 대한 배려 없이 오직 자신의 안위와 이익만 생각하는 모습은 관계를 망치는 가장 큰 원인이 된다.

거절에는 이기적인 거절처럼 하지 말아야 할 거절이 있는 반면에 나를 빛나게 해주는 거절도 있다. 예를 들면 큰돈이 들어있는 돈 봉투를 주워 주인을 찾아줬는데 돈 봉투 주인의 어려운 사정을 듣고 사례금을 거절했다면, 거절은 상대의 처지를 배려해준 미담이 된다. 이런 식의 거절을 '사양辭讓'이라고 한다. 사양은 누구에게도 피해를 주지 않는 거절이다. 사양의 유래는 동양 고전《맹자》에서 찾을 수 있다.

고대 중국의 철학자 맹자孟子는 사람의 본성을 선善하다고 생각했다. 선한 본성은 다른 사람을 차마 해치지 못하는 마음을 일으키는데 이를 사단四端으로 설명했다. 사단은 상대를 측은하게 생각하는 '측은지심惻隱之心'과 옳고 그름을 가릴 수 있는 '시비지심是非之心', 부끄러움을 아는 '수오지심羞⊠之心', 그리고 상대를 배려할 줄 아는 '사양지심辭讓之心'을 말한다. 사양은 사단 중 상대를 배려할 줄 아는 마음인 사양지심에서 나온 말이다. 배려는 상대를 위해 나의 불편함을 감수하는 것이다. 작은 손해에도 엄청난 불이익을 당한 것처럼 조급해하는 게 아니라 작은 손해를 통해 선한 본성을 만족하는, 본질적 기쁨을 얻는 것이다. 그뿐 아니다. 사양은 지나친 욕심을 조절해주고 이익을 추구하는 실리實利의 집착에서 마음을 자유롭게 해준다. 덤으로 주위 사람들의 좋은 평판도 얻을 수도 있다. 그리고 무엇보다 내가 스스로 좋은 일을 하고 있다는 만족감으로 마음이 건강해진다.

아주 사소한 것이라도 괜찮다. 거절이 아닌 사양할 수 있을 때, 우리는 이기적인 욕심의 노예가 되지 않는 관계의 여유로움을 누릴 수 있다.

부탁을 잘하는 것도 중요하다

건강한 관계를 유지하려면 거절을 잘하는 것만큼 부탁을 잘하는 것도 중요하다. 상황마다 차이가 있지만 거절은 내가 원하지 않은 부탁을 받았다는 전제를 하고 있다. 만약 내가 들어주고 싶은 부탁을 받았다면 거절하지도 않았을 것이다.

예를 들면 마치 쇼핑몰이나 음식점에서 주문하는 것처럼 "이건 별로네요. 다른 걸 주세요" 같은 부탁을 해서는 안 된다. 내 기분에 따라 원칙 없이 남발하는 부탁이나 타인의 상황을 고려하지 않고 종 부리듯 함부로 하는 부탁 역시 해서는 안 되는 부탁이다. '편의점 가는 길에 내 스타킹도 부탁해'라든지, 휴일에 충분한 상의 없이 짐 싸는 걸 도와주러 먼 길을 와달라는 부탁은 하지 말아야 할 부탁의 전형이다.

부탁할 때는 무엇보다 상대의 입장을 고려하는 역지사지易地思之의 마음이 필요하다. 자신의 기분이나 상황에 집중하다 보면 자연스럽게 상대를 신경 쓰지 못하게 되고 무관심해지기 쉽다. 내가 모진 사람이어서 무리한 부탁을 하는 것이 아니다. 다만 주위를 둘러볼 여유가 없을 뿐이다.

사회심리학자 존 달리John Darley와 댄 뱃슨Dan Batson의 실험은 조급한 마음이 우리에게 어떤 영향을 끼치는지 잘 말해준다. 실험을 위해 동원된 프린스턴 신학교 학생들은 착한 사마리아인에 대한 강의를 하기 위해 특정 건물로 이동하라는 지시를 받았다. 강의 후에는 지도 교수의 평가가 있을 예정이었다. 이동하기 전 신학생들은 두 팀으로 나뉘어 각자 다른 메시지를 전달받았다. 한쪽에는 강의 시간까지 충분한 여유가 있다는 메시지가, 다른 한쪽에는 강의 시간이 이미 지났다는 메시지가 전달됐다. 그리고 그들이 가는 길목에 기침을 심하게 하며 쓰러져 있는 연기자를 배치해두었다.

결과는 어떻게 됐을까? 시간이 충분히 있다는 말을 들은 신학생들은 대부분 가던 길을 멈추고 쓰러진 연기자를 도왔다. 하지만 강의 시간이 지났다는 말을 전달받은 신학생의 90퍼센트 이상은 쓰러진 사람을 돕지 않고 지나쳐갔다. 착한 사마리아인에 대한 강의를 하러 가는 신학생들이 도와야 할 사람을 그냥 지나친 것이다. 이 결과를 보고 한쪽은 선하고 다른 쪽은 선하지 않다는 결론을 내려서는 안 된다. 다만 한쪽은 마음의 여유가 있었고 다른 쪽은 주위를 둘러볼 여유가 없었을 뿐이다. 이렇듯 마음의 여유는 우리의 행동에 큰 영향을 미친다.

내가 상대에게 무리한 부탁을 하고 있다면, 혹은 이기적으로 거절하고 있다면, 도덕성에 문제가 있어서가 아니라 내가 너무 힘들게 하루를 살고 있다는 의미로 해석할 수도 있다. 사자를 피해 도망치는 사슴처럼 생존을 위해 온종일 뛰어다니다 보면 타인의 마음을 들여다볼 경황이 없을 것이다. 그러니 잠시라도 마음의 여유를 가질 수 있으면 좋겠다. 조급한 마음이 가라앉을 때까지 판단을 미루고 근처를 산책하는 것도 괜찮고 눈을 감은 채 들이쉬고 내쉬는 호흡의 수를 세며 숨에 집중하는 것도 좋은 방법이다.

때로는 거절과 부탁이 감동이 된다

내가 들었던 가장 기분 좋았던 부탁은 건널목을 건너려고 할 때, 노란색 유치원복을 입은 어린아이가 손을 잡아달라던 부탁이었다. 혼자 길을 건너기가 무서웠던 아이의 부탁은 내가 이 작고 연약한 아이에게 도움을 줄 수 있다는 보람을 느끼게 해줬고 나 자신을 듬직한 사람으로 만들어줬다.

때로는 내가 아닌 상대를 위한 부탁이 당부와 바람이라는 감동이 되기도 한다. 아프지 말고 건강해야 한다는 당부, 힘을 내서 잘 살아달라는 바람, 행복하게 지내달라는 염원. 이런 부탁은 듣는 사람에게 따뜻한 마음의 불씨를 일으키는 치유가 된다.

따뜻한 부탁의 최종목표는 거절이 부탁이 될 수 있게 하는 것이다. 생각해보면 거절도 내가 그것을 하지 않아도 되냐는 완곡한 부탁이 될 수 있다. 만약 내가 상대에게 상처 주지 않는 부탁을 하고 있다면 상대에게 상처 주지 않는 거절 역시 자연스럽게 할 수 있을 것이다.

부탁과 거절은 양날의 검이다. 자칫 잘못하면 관계를 망치는 무례함의 칼이 될 수도 있고 반대로 좋은 관계를 유지하는 감동의 칼이 될 수도 있다. 나는 지금 이 날카로운 칼을 어떻게 쓰고 있는가. 그 칼을 누구도 다치지 않게 다룰 수 있을 때 타인의 마음을 알아보고 공감하는 관계의 안목도 깊어질 수 있다.

무례함에 대항하는
마음의 맷집 키우기

생각지 못한 모욕을 당했을 때

외모나 스펙에 대한 편견 가득한 비아냥거림은 사회생활을 하다 보면 흔히 겪게 되는 무례한 경험 중 하나다. 영화 〈데드풀Deadpool〉의 재치 있는 번역으로 잘 알려진 황석희 번역가도 한 대학의 강연을 앞두고 그런 상황을 겪어야 했다. 팬들과의 소통을 위해 SNS에 만들어놓은 게시판에 누군가 "지잡대 나오셨는데 번역 잘하시네요?"라는 조롱 섞인 게시글을 올린 것이다. 황 번역가는 강원대학교 영어교육과 출신이다. 그는 게시글을 읽고 삭제하는 대신 정중한 답변을 달았다.

"프로필을 보니 좋은 학교 다니시네요. 그런데 학교 간판이 나를 대변할 수 있는 시기는 금세 끝나요. 마침 강연 요청이 와서 얼마 후 질문자님 학교에 갈 것 같아요. 꼭 참석해서 똑같은 질문을 해주세요. 저도 답변을 진지하게 생각해서 가겠습니다."

그가 화를 내거나 똑같이 빈정거리며 상대를 대했다면 모욕이 모욕을 낳는 악순환이 반복됐을 것이다. 그가 정중하고 조리 있게 답변을 달았기에 더는 답글이 달리지 않았고 상황은 금세 종료될 수 있었다. 당연히 황 번역가도 무례한 게시글을 읽으며 화가 나고 기분이 나빴을 것이다. 하지만 기분을 그대로 드러내지 않고 영어 대사를 번역하듯 자신의 감정을 해석하고 이성적인 대응을 했다는 데 배울 점이 있다.

누구든 생각하지 못한 모욕적인 상황을 겪었을 때 그처럼 차분히 상황에 대처하고 싶어 한다. 하지만 현실은 어떤가! 당장 얼굴이 붉어지고 말문이 막히며 모욕당했다는 수치심에 부들부들 몸을 떨며 격한 감정의 소용돌이 속에 빠져버린다. 그러지 않으려고 노력해도 예상하지 못한 순간에 불쑥 들어오는 상대의 무례함은 매번 평정심을 무너뜨리는 일격이 된다.

객관화 효과의 한계

SNS나 유튜브에서 쉽게 볼 수 있는, 무례함에 대처하는 조언 중 반복해서 등장하는 두 개의 조언이 있다.

첫 번째는 상대가 무례한 말을 하면 그 말을 한 번 더 반복해서 상대에게 들려주라는 조언이다. 예를 들어 누군가 당신에게 "남자가 그런 것도 못 해?"라고 말하면 "남자가 그런 것도 못 하냐고요? 남자 여자 따로 해야 할 일이 있어요?"라고 말하는 것이다.

두 번째는 내가 지금 당신 때문에 상처받았다는 사실을 직접 표현하라는 조언이다. 상대가 나에게 농담처럼 "얼굴이 너무 재밌게 생겼어요"라고 하면 "농담인 건 알겠는데, 그렇게 얘기해서 저 지금 상처받은 거 같아요"라고 정색하며 말하는 것이다.

말을 되돌려주는 방법이나 내가 상처받았다는 사실을 일깨워주는 방법은 모두 상대의 무례한 모습을 객관화시켜 상대방 스스로 잘못을 인지하게 한다는 공통점이 있다. 이런 방식을 자기 객관화 효과라고 한다.

예를 들면 도둑이 많은 곳에 거울을 달아놓으면 물건을 훔치려던 도둑이 거울 속에 비친 자기 모습을 객관적인 시선으로 보게 되고, 도둑질하고 있다는 잘못을 인지하게 된다는 식이다. 실제로 좀도둑이 많은 대형 문구점이나 서점에 거울을 달아놓으면 절도율이 떨어진다고 한다. 마찬가지로 관계에서도 무례한 사람에게 객관화 효과를 활용한다면 비슷한 효과를 볼 수 있다.

다만 관계에서 객관화 효과가 효력을 발휘하기 위해서는 먼저 다음 두 가지 전제가 성립해야 한다. 무례한 상대가 비열하고 폭력적인 사람이 아닌 착한 사람이어야 한다는 점과 상대가 나에게 식접적인 영향력을 행사할 수 있는 권력이 없어야 한다는 점이다. 폭력성과 권력은 오히려 '객관화'된 무대에 섰을 때 상대를 복종시키며 더욱 강렬하게 폭주하려는 경향을 보인다. 이 두 전제가 성립되지 않는데 객관화 효과를 바라는 것은 현실적이지 못한 낭만적인 상상으로 그칠 확률이 높다.

무례함을 즐기는 사람은 자기 잘못을 지적받거나, 조언을 듣기 위해 상대를 모욕하는 게 아니다. 건강에 안 좋은 걸 알면서도 흡연을 즐기듯, 윤리적으로 잘못하고 있는 줄 알면서도 일부러 상대를 도발하며 그 상황을 즐긴다. 이럴 때 공격적으로 잘못을 지적하는 것은 오히려 상대를 자극해 최악의 상황을 만들기 쉽다. 앞서 언급한 황 번역가의 차분한 대응이 통한 건 상대방을 같은 공간에서 마주칠 일이 없고 위계적인 관계를 맺고 있지 않다는 적당한 배경이 있었기 때문이다.

무례함을 지적한 대가

중견기업에 다니던 준서 씨의 팀장은 회사에서 무례한 사람으로 손꼽히는 사람이다. 평소에 반말은 물론, 마음에 들지 않는 의견을 내는 사원이 있으면 회의 중간에 말을 끊으며 번번이 면박을 줬고 인신공격도 서슴지 않았다. 얼마 전에도 그랬다. 아침 회의 시간에 밤을 새워 준비해간 기획안을 발표하는 준서 씨에게 팀장은 조롱하는 투로 말했다.

"쇼하고 있네. 그게 말이 된다고 생각해? 그런 건 네가 나중에 회사 차리면 하라고! 뭐 하나 제대로 하는 게 있어야지."

문제에 대한 논리적인 지적이나, 합당한 대안은 없었다. 그렇게 무시된 의견 중에는 다른 업체에서 비슷한 콘텐츠로 만들어져 큰 성공을 거둔 일도 있었다. 팀장의 무례함에 자주 상처받던 준서 씨는 더 이상 참지 못하고 팀장에게 찾아가 자신이 받은 상처에 대해 솔직히 말했다. 진심으로, 정중하게 호소하면 자신의 마음이 통할 거라고 생각했다.

"팀장님, 제가 많이 부족한 건 알지만, 저를 너무 함부로 대하는 것 같아 힘듭니다. 저번 회의에서도 제가 낸 제안을 무시하면서 평소에 얼마나 책을 안 읽으면 이런 무식한 제안을 하냐고 공개적으로 망신을 주셨잖아요. 너무 힘들었습니다."

잔뜩 긴장하고 있는 준서 씨에게 팀장은 의외로 담담히 말했다.

"그렇게 힘들었어? 내가 성격이 좀 그래. 악의가 있었던 건 아니고. 앞으로 조심할게."

팀장은 사신의 잘못된 태도를 인정했고 그 뒤로 준서 씨에게 힘한 말을 하지 않았다.

하지만 그렇게 해결될 줄 알았던 팀장과의 문제는 그날 이후로 더 나빠지며 준서 씨의 마음을 힘들게 했다. 팀장은 준서 씨에게 더는 모욕적인 말을 안 했지만, 필요한 업무 지시나 대화 역시 하지 않았다. 회의에서도 눈길 한 번 주지 않았고, 의견을 말하면 알았다고만 할 뿐 거기에 대한 평가나 후속 지시도 없었다. 팀장은 정확히 지적하기 힘든 애매한 지점에서 준서 씨를 따돌렸다. 하루는 협력 업체에서 뮤지컬 티켓을 선물했다며 직원들에게 나눠줬는데 준서 씨에게만 주지 않았다. 얄미운 표정을 하며 팀장은 준서 씨에게 말했다.

"이런, 티켓이 한 장 부족하네. 어쩔 수 없지만 준서 씨가 이해해!"

투명 인간처럼 자신을 대하는 팀장과 그런 모습을 지켜보기만 하는 방관자들. 결국 준서 씨는 스트레스로 원형 탈모가 생기고 만성위염에 시달리다 회사를 퇴직해야 했다.

마음을 유연하게 만드는 법

무례함에 대한 대응을 떠올릴 때마다 나는 권투 선수 마이크 타이슨Mike Tyson의 명언이 떠오른다.

"누구나 그럴싸한 계획을 가지고 있다. 한 대 처맞기 전까지는."

타이슨의 말처럼 관계도 계획대로 진행되지 않는다. 내가 아무리 평정심을 유지하며 차분히 대응하려 해도 숲속에서 마주친 야생 멧돼지처럼 갑자기 튀어나오는 돌발 상황은 마음을 혼란스럽게 한다.

그래서 상대에게 어떻게 해야겠다는 계획을 세우는 것보다 먼저 상대의 어떤 도발에도 쉽게 무너지지 않는 맷집을 키워야 한다. 준서 씨는 자신을 지키기 위해 용기를 냈고 최선을 다했다. 하지만 안타깝게도 팀장의 노골적인 따돌림을 버틸 만한 마음의 맷집은 없었다.

마음의 맷집을 키운다는 건 모욕적인 상대의 말을 무시할 수 있는 마음을 만드는 것이다. 그러기 위해서는 필요한 말은 받아들이고 필요하지 않은 말은 흘릴 수 있는 유연함을 길러야 한다.

내 마음을 의심해야 한다

마음을 유연하게 만드는 가장 좋은 방법은 자기 마음을 의심하고 상대의 마음에는 의문을 품는 것이다. 의심은 믿지 못하는 불신의 마음이고, 의문은 더 알고 싶은 호기심을 말한다. 의심은 따지고 추궁해서 믿지 못했던 부분을 밝히는 것이 목적이고, 의문은 배워서 몰랐던 부분을 아는 것이 목적이다.

'내 마음을 의심한다는 것'은 내가 느끼는 불쾌한 감정에 대해 자기검열의 시간을 갖는 것이다. 카를 구스타프 융Carl Gustav Jung의 《분석심리학 논고》에는 이런 글이 쓰여 있다.

"로마인은 노예에게 둘러싸여 있었다. 노예들의 심리가 이탈리아에 흘러넘쳤고 로마인은 심적인 노예가 돼버렸다. 로마인은 언제나 노예들이 풍기는 분위기 속에 있었기에 무의식적으로 그들의 정신세계에 젖어 들었다."

노예에게 둘러싸여 노예의 마음을 갖게 된 로마인처럼 나를 지치고 힘들게 하는 사람들에게 둘러싸여 있다 보면 나도 모르게 그들의 말과 시선에 물들게 된다. 그렇게 물들다 보면 특별히 무례하지 않은 상대의 태도에도 저 사람이 나를 무시하고 함부로 대하고 있다는 과장된 망상에 시달릴 수 있다. 그래서 혹시 내가 일으킨 망상이 일반적인 상황을 부정적으로 해석하고 있는 게 아닌지 의심하며 자신을 살펴봐야 한다. 자기검열을 위한 의심은 내 태도에 대해 좀 더 객관적이고 진중하게 생각할 수 있는 시간을 벌어준다. 그리고 그 시간만큼 좀 더 다양한 시선으로 내 마음을 바라볼 수 있게 해준다.

상대에게 의문을 품어야 한다

상대에게 의문을 품는다는 것은 저 사람이 왜 저렇게 무례한 사람이 됐는지, 내가 모르는 어떤 사연이 있는지 궁금하게 생각하는 것을 말한다.

심리학에서는 상대를 모욕할 때 주로 자신이 가지고 있는 특정 부문의 열등감을 모욕의 주제로 삼는다고 말한다. 외모로 상대를 비하하는 사람은 자기 외모에 열등감이 있는 사람이고 학력을 들추며 모욕하는 사람은 자신이 학력에 대한 열등감을 가지고 있는 사람이라는 것이다.

해소하지 못한 열등감은 평생 자신을 쫓아다니며 타인과의 관계에 영향을 미친다. 준서 씨를 괴롭히던 팀장도 그랬을 것이다. 어린 시절 부모로부터 모진 학대와 무시를 당하며 성장했을 수도 있고 다른 누군가에게서 받은 모욕과 상처를 자신보다 약해 보이는 상대에게 투사하고 있는 것일 수도 있다.

나에게는 가해자이지만 그 역시 다른 누군가에게는 힘없는 피해자의 역할을 하고 있을지도 모른다. 그런 마음을 가지면 좀 더 따듯하게 상대를 바라보는 시선이 생긴다. 상대의 무례함을 나쁜 것이라 단정 짓지 않고 다양한 관점으로 해석할 수 있게 된다. 그리고 내가 어떤 태도를 보여야 할지 좀 더 사려 깊은 결정을 내리게 해준다.

이렇게 의심과 의문을 통해 내 마음을 이해하고 상대를 공감하려 노력하는 태도가 바로 유연함이고 유연함이 곧 마음의 맷집이다.

마음을 액체로 만들려면

호주 원주민 참사람 부족에 관한 이야기를 적은 책《무탄트 메시지》에는 자연을 거스르지 않고 자신만의 문화를 지키며 살아가는 참사람 부족민이 등장한다. 그들은 신발을 신지 않고 자연에 단련된 발로 하루에 수십 킬로미터를 걸으며 가공되지 않은 자연

식을 먹는다. 부족민의 모습을 보며 문명인들은 야만적이라고 무례하게 굴지만 부족민들은 화내지 않는다. 오히려 그들을 돌연변이라는 뜻의 '무탄트'라고 부르며 가여워한다. 부족민의 눈에는 문명인들의 모습이 자연을 거스르며 사는 불쌍한 돌연변이처럼 보일 뿐이다.

자기 삶에 만족하는 마음은 무례한 사람을 무탄트처럼 보이게 한다. 상대를 무탄트로 생각하고 부르는 것만으로도 마음은 관대해지고 유연해진다. 마음이 유연하게 된다는 것은 비유하면 물 같은 액체 상태가 되는 것을 말한다. 마음이 액체가 되면 마음속에서 딱딱하게 굳어진 부정의 감정 역시 부드러운 물처럼 변하게 된다.

마음을 액체로 만들려면 연금술사의 주문처럼 마음의 변화를 끌어낼 수 있는 자신만의 키워드가 필요하다. 내가 주로 사용하는 키워드는 '부질없다'이다. 부질없는 무상함으로 분노를 의미 없게 만드는 것이다. 무상無常은 세상에 영원한 것은 없고 모든 존재는 변한다는 뜻이다. 지금 내 마음도 상대의 모습도 얼마 지나지 않아 변하고 사라질 것이다.

언젠가 나를 모욕하는 상대에게 분노를 느꼈을 때 그의 등 뒤로

끝없이 펼쳐진 파란 하늘을 보며 다툼이 부질없다는 생각이 들었던 적이 있다. 그가 나를 모욕해도 변하는 것은 없다. 그런데 무엇 때문에 나는 저 사람의 말에 동요해야 하는가? 상대의 말과 표정에 집중되었던 마음이 상대를 벗어나니, 거대한 바위에 눌린 것처럼 답답하고 아팠던 마음이 고요한 호수에 떠 있는 것처럼 평온해졌다. 평온해진 마음은 상대가 무슨 말을 해도 나는 변함없이 괜찮은 사람이라는 믿음을 흔들리지 않게 해주었다.

그 뒤로 나는 누군가가 나를 모욕해 화나게 하는 일이 생기면, 부질없다는 무상함을 새기며 내 마음을 잔잔한 호수처럼 만든다. 사람마다 마음을 유연하게 만드는 액체의 키워드는 다를 것이다. 누군가에게는 솔로몬이 아버지 다윗왕에게 헌사한 '이 또한 지나가리라'는 말이, 또 다른 누군가에게는 모든 일은 신에 의해 미리 쓰여 있다는 뜻의 '마크툽maktub'이 그 키워드가 될 수 있다. 그 키워드를 찾아내 마음을 변화시킬 수 있을 때 우리는 우박처럼 쏟아지는 거친 말의 홍수 속에서도 쓰러지지 않고 버틸 수 있는 마음의 맷집을 갖게 될 것이다.

무례한 사람과 함께해야 한다면

　잠시 잠깐 마주치고 마는 일회성 만남이 아니라 무례한 사람과 어쩔 수 없는 긴 동거를 해야 한다면 의심과 의문, 액체화만으로는 한게가 있다. 특히 상대가 무례함을 넘어 폭력적으로 변해가고 있다면 좀 더 적극적인 행동을 취해야 한다.

　이때 먼저 꼭 알아두어야 할 점이 있다. 지금 내 힘으로는 이길 수 없는 상대가 있을 때, 분노를 참지 못하고 성급히 상대에게 덤볐다가는 비참한 결과를 맞이할 수 있다는 점이다. 아무리 억울해도 참아야 하고 인내해야 할 때가 있다. 화를 낼지 몰라서 참는 게 아니라, 책임져야 할 일이 많기에 무례함을 받아들이고 삶을 살아내는 고육지책을 선택해야 하는 것이다.

　하지만 이런 선택은 필연적으로 마음을 상하게 한다. 타인의 무시와 모욕이 오랫동안 반복될수록 자신감은 사라지고 자존감은 바닥을 치게 된다. 이때 나도 모르게 상대의 무례함에 길들어 상대의 잘못된 판단이 정말 내 모습이라고 생각해서는 안 된다.

　'내 주제에', '내가 하는 게 그렇지.'

　이런 생각들이 마음을 채우게 해서는 안 된다. 상대가 어떻게 말하든 나는 괜찮은 사람이라는 믿음을 잃지 않고 흔들리지 않아야 한다. 그러면서 한편으로는 '와신상담臥薪嘗膽'의 전략을 짜야 한다.

와신상담의 지혜

와신상담은 거친 섶나무 더미 위에 누워 쓰디쓴 곰의 쓸개를 맛
본다는 뜻으로 중국 춘추시대 오나라와 월나라 간의 전쟁사를 담
고 있는 고사다.

월나라 왕 구천勾踐은 오나라를 공격해 왕과 세자를 죽이고 오나
라를 쑥대밭으로 만든다. 오나라 둘째 왕자였던 부차夫差는 수모를
안겨준 구천에게 복수하기 위해 거친 장작더미 위에서 자며 복수
의 의지를 불태웠다. 그렇게 때를 기다리다 다시 쳐들어온 구천을
대패시켜 월나라를 속국으로 만들어버렸다. 그러자 이번에는 구천
이 매일 쓰디쓴 곰의 쓸개를 핥으며 복수를 다짐했다. 그러다 자신
이 노리던 기회가 오자 군대를 일으켜 오나라를 무너뜨리고 복수
에 성공하게 된다.

만약 이들이 자신의 분노를 참지 못하고 당장 상대에게 돌격해
목을 베려 했다면, 자객이 되어 상대의 뒤를 노리고 다녔다면 복
수는 성공하지 못했을 것이다. 하지만 이 둘은 성급하게 상대에게

달려드는 대신 전략을 짜고 자기편을 모았다. 시간을 두고 이길 수 있는 계획을 만들었으며, 때를 기다려 상대를 제압했다.

내 힘이 미치지 못하는 어려운 상대를 만났을 때는 와신상담의 교훈처럼 상대에게 어떤 식의 대응을 해야 할지 시간을 두고 정교한 전략을 짜야 한다. 무례한 사람을 대하기 위해 우리는 전략가가 돼야 한다.

현실에서 일어난 와신상담

얼마 전 지인에게서 현대판 와신상담 이야기를 들을 수 있었다. 인맥이 넓고 영업 실적이 좋았던 규현 씨는 지인 회사에 스카우트 제안을 받았다. 이제 막 시작한 스타트업이라 마음이 끌리지 않았지만, 지인의 간곡한 부탁이 있었기에 규현 씨는 이직을 결정했다.

마음 한편에는 창업 멤버로 회사를 키울 수 있다는 포부와 자신감이 있었다. 하지만 회사 일은 마음먹은 대로 풀리지 않았다. 생각보다 실적이 나지 않았고 영업도 쉽지 않았다. 시간이 갈수록 지인이 규현 씨에게 실적을 내라며 채근하는 일도 잦아졌다.

규현 씨가 계속 실적을 내지 못하자, 지인의 간섭과 모욕은 더욱 심해졌다. 옷 스타일을 트집 잡고 외모를 비하하며 무리한 지시를 내리고 신경질을 부리거나 심한 말을 하기도 했다. 회의할 때면 고압적인 분위기를 만들고 메신저로 업무 지시를 내릴 때도 더없이 딱딱하고 불친절했다. 그러면서 실적은 슬쩍 자기 이름으로 돌리는 몰염치한 짓도 서슴없이 벌였다. 그 와중에 지인은 자신이 남몰래 불륜을 즐기고 있다는 사실을 술자리에서 무용담처럼 떠들고 다녔다.

규현 씨는 그런 일을 겪을 때마다 자기 감정을 드러내지 않는 대신 겪은 일들을 하나씩 기록해갔다. 비공개 SNS에 지인과 있었던 일을 글로 남겼고 통화를 녹음하고 메신저 내용을 캡처해두었다. 한편으로는 심리치료소를 다니며 회사에서 들었던 폭언을 상담기록으로 만들었다. 그렇게 차근차근 지인에 대한 정보를 수집하다가 은밀히 준비하던 이직이 결정되면서 그동안 모았던 지인의 비리를 회사와 노동청 그리고 지인의 가족에게 알렸다. 자신이 할 수 있는 최선의 복수를 하며 회사를 떠난 것이다. 규현 씨는 이런 방법을 SNS를 통해 배웠다고 했다.

직접 상담한 일이 아니기에 정말 이런 일이 있었는지 장담할 수는 없지만 실제로 있었다면 규현 씨의 끈기와 치밀함이 놀라울 뿐이다. 그가 곁에 있다면 그동안 얼마나 힘들었냐고 토닥거리며 위로해드리고 싶다.

규현 씨처럼 상대의 몰지각한 행동을 응징하려는 마음을 '정의 감'이라고 한다. 관계에서 정의감은 상식과 공정을 지키고 상대를 함부로 대하지 않는 선악 판단의 기준이 된다. 이런 막중한 의미가 있기에 정의감을 드러낼 때는 항상 조심해야 한다. 내가 내세운 정의가 나만의 정의는 아닌지, 내 행동으로 억울하게 피해 보는 사람은 없는지, 그리고 무엇보다 혹시 나는 그와 같이 행동한 적이 없는지 돌이켜봐야 한다. 만약 내가 그와 다름없다면, 응징에 앞서 반성부터 해야 한다. 내 잘못된 행동이 원인이 되어 이런 인연을 불러왔다는 마음으로 자신을 성찰해야 한다. 성찰은 경멸과 분노가 아닌 공감과 연민으로 상대를 바라보며 대응할 수 있게 해준다.

성찰 없는 응징은 정의가 아닌 폭력이 되고 앙갚음이 된다. 앙갚음은 언젠가 또 다른 앙갚음을 불러오는 악순환이 될 뿐이다.

부디 규현 씨의 응징이 성찰을 통한 공정한 판단에서 나온 정의로운 행동이었길 바라본다.

무례함이 되풀이되지 않도록

"가는 곳마다 비단길을 밟고 싶다면 어떻게 해야 할까? 모든 길을 비단으로 덮을 수 없으니 내가 비단신을 신으면 된다."

언젠가 눈 맑은 스님에게 들었던 말이다. 맞는 말이다. 내가 비단길을 걷고 싶다면 세상을 비단으로 씌우는 노력을 하기보다 내가 직접 비단신을 신는 게 현실적인 대안이 될 수 있다. 이런 방법은 관계의 문제에서도 유용하게 쓰일 수 있다. 무례한 경우를 당하고 싶지 않다고 세상 모든 사람을 예의 바른 사람으로 만들 수는 없다. 그렇다면 내가 비단신을 신듯 예의 바른 사람이 되면 된다.

그런데 내가 예의 바른 사람이 되고자 노력해도 쉽게 고쳐지지 않는 부분이 있다. 상대의 외모나 능력, 스펙에 대한 편견이 나도 모르게 드러날 때다. 못생긴 험악한 얼굴을 보고 부도덕할 것이라고 생각하거나 출신학교와 이력만 보고 상대가 무능할 거라고 단정 지으며 상대를 대하는 것이다. 이런 판단은 내가 노골적으로 표현하지 않아도 무심히 마주친 눈빛에서, 퉁명스러운 말투에서 상대에게 전달되며 의도하지 않은 모욕감을 주게 된다.

겉모습으로 상대를 판단하는 것은 내면에 각인된 '패턴화 본능' 때문이다. 오랜 시간 생존의 위험 속에서 살아남은 우리의 유전자는 상대를 보자마자 위험한 사람인지 아닌지를 재빨리 판단하는 능력을 갖추게 됐다.

'저렇게 생긴 건 빨리 피해야 해', '이런 소리가 나는 건 위험한 물건이야.'

패턴화된 매뉴얼들은 생각보다 빨리 직관적으로 상황을 해석해 준다. 생존을 위해 필요했던 패턴화 본능은 여전히 유전을 거듭하며 이어져 오고 있다. 지금도 감정을 관장하는 편도체는 0.017초 만에 상대를 파악하며 위험 판단을 내린다. 하지만 이런 재빠른 판단은 때로는 상대에 대한 편견을 갖게 만드는 중요한 원인이 된다.

무례한 사람이 되지 않으려면 이런 본능을 제어할 수 있어야 한다. 본능적인 첫인상에 너무 의지하지 말고 상대에 대해 시간을 두고 지켜보는 신중함을 습관처럼 가져야 한다. 편견에 따라 상대를 조급히 평가해서는 안 된다.

무례함에 맞서는 방법은 혹시 내가 겉모습만으로 상대를 판단하고 있는 것은 아닌지 자신을 되돌아보는 것으로 완성된다. 이런 마음가짐은 앞으로 이어질 또 다른 사람과의 관계를 위한 일이기도 하다. 원망이 남아 있는 마음으로 새로운 관계를 시작하는 것과, 나를 반성하는 마음으로 시작하는 것은 전혀 다른 과정과 결과를 불러온다.

사람은 정도의 차이만 있을 뿐 누구나 무례한 모습을 가지고 있다. 어디서나 흔하게 만날 수 있는 무례함이 나를 가두는 감옥이 돼서는 안 된다. 내가 할 수 있는 최선은 무례함이 주는 불쾌함에 휩쓸려 마음이 무기력해지지 않도록 용기를 내는 것이다. 모욕으

로부터 나를 지키는 노력을 통해 사람의 마음을 깊이 있게 들여다

볼 수 있는 안목을 갖도록 애쓰는 것이다.

　나는 언제쯤 참사람 부족민처럼 나를 모욕하는 상대를 무탄트

라 부르는 담대함을 가질 수 있을까.

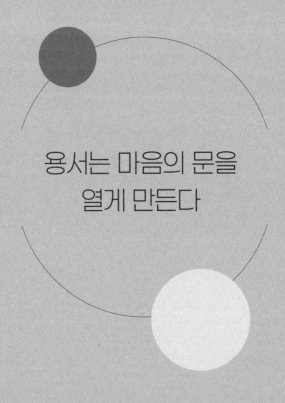

용서는 마음의 문을
열게 만든다

"네 잘못이 아니야."

"알아요."

"네 잘못이 아니야."

"알아요."

"네 잘못이 아니야."

"성질나게 하지 말아요. 선생님만이라도!"

"네 잘못이 아니야."

상처받은 마음을 치유해가는 청년의 모습을 그 어떤 상담 프로그램보다 잘 보여주고 있는 영화 〈굿 윌 헌팅Good Will Hunting〉. 영화의 수많은 명장면 중에서도 유독 강렬한 울림을 주는 장면이 있다. 불우한 유년 시절을 보내며 자학적인 삶을 살고 있던 주인공 윌이 여자친구와 헤어진 뒤 숀 교수에게 받는 상담 장면이다.

실연의 상실감에 마음 아파하면서도 자신의 감정을 억누르며 드러내지 않는 윌에게 숀 교수는 네 잘못이 아니라고 몇 번이나 반복해서 말해준다. 숀의 확신에 찬 말과 눈빛에, 자신의 감정을 외면하던 윌은 울음을 터트리며 숀을 끌어안는다. 그리고 지금껏 다른 누구보다 자신을 학대하고 함부로 대하던 '자기 자신'을 돌이켜보게 된다.

'가난과 부모의 학대, 그래서 불행할 수밖에 없었던 나의 유년 시절. 하지만 그건 내 잘못이 아니었어. 그러니 이제는 나를 그만 조롱하고 괴롭히자.'

숀 교수의 "네 잘못이 아니야"란 말은 윌이 단단히 걸어 잠근 마음의 문을 열 수 있는 용기가 돼주었다. 살다 보면 누구나 한 번쯤은 죽음을 생각할 만큼 힘든 시절을 겪게 된다. 그때 누군가 따뜻한 눈빛으로 어깨를 두드려주며 "그건 당신 잘못이 아니에요"라고 몇 번이고 몇 번이고 확신에 차서 말해준다면, 그래서 나를 용서해준다면, 누구라도 윌처럼 북받쳐 오르는 눈물을 흘렸을 것이다.

어찌할 수 없는 것이 있다

손 교수가 월에게 네 잘못이 아니라고 말한 건 잘못이 없다는 면 죄부를 주기 위해서가 아니다. 누군가를 탓하기 위해서도 아니다. 월이 후회하고 괴로워하는 일들이 그런 행동을 할 수밖에 없었던, 어쩔 수 없는 상황 속에서 일어났다는 점을 말해주기 위해서다.

월은 알코올의존증인 아버지 밑에서 입양과 파양을 반복하며 혹독한 유년 시절을 보냈다. 스무 살이 될 때까지 제대로 된 돌봄을 받지 못한 채 한순간도 따뜻하고 여유로운 생활을 누리지 못하며 살아야 했다. 그런 어려운 상황 속에서도 월은 누구보다 열심히 살려고 노력했다. 하지만 사랑받은 경험이 없으니 사랑을 주는 법도 몰랐다. 상대와 깊은 관계를 맺으려 할 때면, 자신도 모르게 상대가 나를 떠날 것이라는 불안에 휩싸여 공격적으로 대했다. 당연히 이런 행동은 좋은 관계를 유지할 수 없는 중요한 원인이 됐다. 만약 그가 좀 더 좋은 부모에게 양육받았더라면, 유복한 환경에서 자존감을 키워주는 사람에게 둘러싸여 유년 시절을 보냈더라면 그가 맺는 관계의 방식도 많이 달라졌을 것이다.

어린 시절 마음은 주위 환경을 음식처럼 먹으며 성장한다. 그때 먹었던 음식의 양분들은 마음을 이루는 살이 되고 피가 된다. 문제는 이렇게 중요한 어린 시절의 환경을 내가 원하는 대로 선택할 수 없다는 점이다. 누구라도 월과 같은 환경에서 자랐다면 월처럼 공격적이고 배타적인 삶을 살았을 것이다. 그래서 관계를 잘 맺지 못하는 그의 모습을, 그런 행동들이 모여 만들어진 외로운 삶을 온전히 그의 잘못이라고 탓할 수마을 없다.

그렇게 '네 잘못이 아닌 것들'은 세상에 차고 넘친다. 키가 작고 얼굴이 예쁘지 않은 것은 네 잘못이 아니다. 나만의 독특한 재능을 인정해주지 않는 문화 속에서 태어나 능력을 꽃피우지 못한 것도 네 잘못이 아니다. 부모에게 사랑받지 못해서 타인이 주는 애정에 집착하는 것도 네 잘못이 아니다. 최선을 다해 노력했지만 보이지 않는 학력이나 인맥, 성性이라는 유리천장에 막혀 더는 앞으로 나가지 못하는 것도 네 잘못이 아니다.

타인을 향한 시선을 '나'로 향하게 하면

하지만 이 말도 너무 자주 쓰면 잘못된 생각을 일으킬 수 있다. 네 잘못이 아니라는 습관적인 위로가 진심으로 반성해야 할 잘못마저 남의 탓으로 돌리는 파렴치한을 만들 수 있기 때문이다. 그런 불상사를 막기 위해서 다른 한편에서는 네 잘못이 아니라는 말

대신 '모든 문제는 내 탓'이라는 정반대의 위로를 전해준다.

천주교에서는 미사가 시작되면 주례 사도와 신자들이 가벼운 인사를 주고받은 뒤 고백 기도를 한다.

생각과 말과 행위로 죄를 많이 지었으며

자주 의무를 소홀히 하였나이다.

제 탓이요, 제 탓이요, 저의 큰 탓이옵니다.

고백 기도를 하는 이유는 미사를 시작하기 전 내가 저지른 잘못을 고백하며 마음을 깨끗이 하기 위해서다. 고백 기도는 신성한 절대자 앞에서 감추어두었던 잘못을 반성하는 참회의 마음을 느끼게 한다.

하지만 때로는 이런 참회의 마음이 너무 가혹하게 여겨질 때도 있다. 내 마음을 아프고 힘들게 한 상대에게 마음껏 분노하고 화내고 싶은데, 오히려 내 탓이라고 하라니. 이런 행동이 무슨 치유가 된다는 것인지 반감이 든다.

그런데 이런 마음가짐이 결과적으로 분노를 잦아들게 하는 치유의 방법이 되는 것도 사실이다. '내 탓'이라는 생각은 타인을 향해 집중돼 있던 시선을 '내 마음' 안으로 돌리게 해준다. 이런 시선의 변화는 분노를 잠시 그 상태로 머물게 하는 효과가 있다. 마치 사나운 맹수를 우리 안에 가두는 것처럼, 분노를 미음에 가두고 시켜보며 숙고할 시간을 벌어준다.

상황을 단순화시켜 다음과 같은 일이 있었다고 가정해보자.

만약 지인이 내 집에 놀러 와 선반에 놓인 소중한 찻잔을 실수로 깨뜨렸다고 하자. 지인은 미안해하며 찻잔값을 물어주려 할 것이다. 그런데 이때 내가 '선반에 놓인 찻잔이 떨어진 건, 선반 위에 위험하게 찻잔을 놓아둔 내 탓'이라고 하며 지인을 용서한다면 어떻게 될까? 오히려 지인이 다치지 않았는지 걱정하며 지인에게 미안해한다면 찻잔값은커녕, 제대로 사과조차 받지 못한 자신이 바보 같다고 느껴질까? 물론 누군가는 그런 마음을 가질 수도 있다. 하지만 시간이 지날수록 내가 지인을 용서했다는 기분 좋은 마음이 커져서 찻잔값 정도는 괜찮다는 생각이 들 것이다.

현실에서는 내 탓이라는 배려의 마음을 이용해 자기 잘못을 반성하지 않는 뻔뻔한 사람들이 넘쳐난다. 잘못을 인정하기 싫은 일을 내 탓이라고 말하는 상황 자체가 억울하게 느껴져 내 탓이라는 말을 입 밖으로 꺼내기 힘들 수도 있다. 하지만 상대를 용서하고 배려하는 마음이 주는 뿌듯함과 따뜻함은 현실적인 어려움을 상쇄하고도 남을 만큼 크고 강렬하며 오래 지속된다.

용서하는 마음은 강한 전파력을 가지고 있다. 그래서 시간이 지날수록 내 주위에 내 탓이라고 말하는 사람이 늘어나는 뜻깊은 경험을 하게 될 것이다. 내가 베푼 배려와 아량이 비슷한 사람을 끌어모으는 '유인력'이 되는 것이다. 이런 마음을, 더 심각하고 어려운 상황에 적용해나간다면, 세상을 대하는 내 마음이 조금씩 더 평화로워지지 않을까. 고백 기도에는 그런 힘이 담겨 있다.

3,000번의 내려놓음

고통의 감정이 요동쳐 마음이 괴로울 때, 불교에서는 절을 하며 내 탓을 외치라는 가르침을 줄 때가 있다. 짧게는 108배, 길게는 3,000배까지 바닥에 머리를 조아리며 한 배씩 절을 할 때마다 모든 게 내 탓이라고 말하며 잘못을 뉘우치게 하는 것이다. 그렇게 몸과 말을 낮추다 보면 하늘 높은 줄 모르고 치솟던 고통의 감정이 땅으로 내려오는 하심下心의 순간을 경험하게 된다. 절을 할수록 다리에 감각은 없어지고 허리는 끊어질 듯하지만, 마음 깊은 곳에서는 오래 들고 있던 짐을 바닥에 내려놓은 듯한 홀가분함을 느낄 수 있다. 내려놓으면 내 것이 아닌 마음의 고통을 내 탓이라는

3,000번의 외침으로 내려놓게 되는 것이다.

불교에서는 관계가 힘든 이유를 상대와 나를 분별하고 사기중심적으로 상대를 바라보기 때문이라고 말한다. 자기중심적인 마음은 어떤 문제가 생기면 자신이 세상에서 가장 큰 고통을 겪고 있다는 착각에 빠지게 한다. 이런 착각이 나를 더 불행하게 만들고 상대의 아픔을 외면하게 만든다. 때문에 관계의 괴로움에서 벗어나려면 무엇보다 먼저 자기중심적인 태도에서 벗어나야 한다.

조금은 난해한 불교의 가르침이지만 현실에서는 어렵지 않은 '관점의 변화'로 설명할 수 있다. 힘들고 고통스러운 일이 있을 때 고통을 느끼는 '나'에게 초점을 맞추지 말고 '고통' 자체를 들여다보는 것이다. 월의 경우라면 알코올의존자 아빠를 둔 불행한 내가 아닌, 알코올의존증이라는 불행에 대해 먼저 생각하고, '폭력을 당한 나의 아픔'이 아닌 누구라도 당할 수 있는 폭력 그 자체에 대해 먼저 아파하는 것이다.

이런 관점의 변화는 나와 같은 아픔을 겪고 있을 주위 사람을 돌아보게 하며, 내 아픔을 좀 더 객관적으로 볼 수 있는 감정과의 거리를 만들어준다. 월에게 그런 거리감이 있었다면 상황은 많이 달라졌을 것이다. 오직 자신만의 불행을 생각하지 않고 술과 폭력에 아파하는 모든 사람이 나처럼 불행을 겪고 있다고 생각했을 것이다. 어쩌면 좀 더 사회적이고 실천적인 해결을 위해 열정적인 삶을 살았을지도 모른다.

지금의 고통은 결국 내 마음이 만들어낸 결과물과 다름이 없다. '내 탓'이라는 뉘우침은 상황을 이렇게 만든 이기적인 마음의 통제에서 벗어나 좀 더 넓고 큰 세상을 보라는 가르침을 준다. 붉은색 잉크 한 방울을 컵 안의 물에 떨어뜨리면 물은 붉게 물들지만, 바다에 넣으면 흔적도 없이 사라지듯, 바다같이 넓은 마음은 고통이라는 작은 방울을 사라지게 해준다.

마음을 위로하는 주문

"내 잘못도 있어. 하지만 네 잘못도 있잖아."

우리는 풀기 어려운 관계의 문제가 생기면 적당한 합의점을 찾아내 교통사고의 손실 비율처럼 과실 책임을 나눠 가진다. 그런데 이런 방식에는 문제점이 있다. 합리적인 판단으로 서로의 과실 여부를 나눌 수는 있지만 그렇다고 상처받은 마음의 고통마저 나누지는 못한다는 점이다. 아무리 공정하게 계산한다고 해도 마음 한편에 남은 원망과 분노까지 나누지는 못한다. 그래서 우리는 실질적인 손실 판단과는 별개로 마음을 위로해줄 수 있는 치유의 주문을 외우고 있어야 한다. 그 주문이 바로 '내 잘못이 아니야'와 '내 탓이야'다.

두 주문은 마음을 위로하면서 더 넓은 시야로 세상을 바라볼 수 있는 지혜를 일깨워준다. 내 잘못이 아니라고 말할 때마다 내가 어찌할 수 없는 운명의 힘 앞에 겸손함을 느끼게 해주고 내 탓이라고 말할 때마다 이기적인 마음에서 벗어나 상대를 배려하고 전체를 볼 수 있는 아량과 통찰을 가질 수 있게 해준다.

이렇게 전혀 다른 뜻으로 해석되는 상반된 조언에서 우리가 쉽게 놓치는 부분이 있다. 마음 따듯한 조언자들이 해주는 치유의 말이 나에게만 들려주는 개인 처방이 아니라는 점이다. 만약 윌에게 씻을 수 없는 상처를 줬던 아버지를 숀 교수가 상담했다면 어땠을까? 술과 폭력으로 얼룩진 삶을 후회하고 있을 그에게 숀 교수는 윌에게 했던 말을 똑같이 해줬을 것이다.

"그건 당신 잘못이 아니에요."

내 탓이라는 말도 마찬가지다. 만약 윌에게 내 탓이라는 종교적인 가르침을 주는 사람이 있었다면 그의 아버지에게도 똑같이 '내

탓'이라는 조언을 했을 것이다.

그래서 네 잘못이 아니라는 말은 모두가 네 잘못이 아니라는 말이 되고, 내 탓이라는 말 역시 모두가 내 탓이라는 말이 된다. 모두 잘못이 없으니 상대를 탓하지 말고 용서하며 살자는 말이 되고, 모두 잘못했으니 반성하는 상대를 미워하지 말고 용서하며 살자는 말이 된다. 결국 두 주문은 모두 자신도, 상대방도 미워하지 말라는 '용서'를 말하고 있는 것이다.

용서하겠다는 마음

마음의 문제를 푸는 해결책은 내가 평소 반복하던 습관의 반대편에 있는 경우가 많다. 습관처럼 거만한 사람은 겸손함에서 답을 찾아야 하고 소심한 사람은 대범함에서, 무례한 사람은 친절함에서 답을 찾아야 한다.

관계의 문제도 마찬가지다. 미움과 분노로부터 시작된 마음의 고통은 그런 감정의 반대편에 있는 용서와 화해에서 해결책을 찾아야 한다. 이때 한 가지 주의할 점이 있다. 분노와 미움이 식어서 '용서'가 되는 것이 아니라, 용서하겠다는 마음을 가져야 분노와 미움이 식을 수 있다는 점이다. 마치 장발장이 훔친 은촛대를 자신이 준 것이라고 말했던 미리엘 신부처럼 조건 없이 용서하겠다는 마음을 먼저 가진 뒤에 상대의 잘못을 바라봐야 한다. 그래야 내가 일으킨 분노에 잠식되지 않고 상대의 본심을 바라볼 수 있으며 진심으로 상대를 용서할 수 있게 된다.

오늘도 다양한 관계의 갈등 속에 하루를 보냈을 여러분은 지금 자신에게 혹은 사랑하는 누군가에게 어떤 용서의 말을 전해주고 싶은가?

상대를
용서하려면

아버지의 마음

할아버지는 얼음 공장을 운영하며 얼음을 팔던 사업가였다. 작은 읍내에서 공장을 운영했지만, 사업수완이 좋아 멀리 시내까지 알려진 부상富商이었다고 한다. 아버지는 그런 할아버지 얼굴을 기억하지 못한다. 너무 어렸을 때 할아버지가 돌아가셨기 때문이다. 할아버지가 돌아가신 뒤 가세는 기울었고 할머니는 어린 남매를 키우기 위해 온갖 허드렛일을 전전하며 모진 세월을 겪어야 했다.

아버지는 홀어머니 밑에서 열심히 공부해 중학교 선생님이 되셨다. 선생님은 할머니가 원하던 직업이었다. 그런데 아버지는 몇 년 되지 않아 학교를 그만두고 예전의 할아버지가 그랬던 것처럼 주위의 누구도 원하지 않던 사업에 뛰어들었다. 그 뒤로 아버지는 40년 넘게 사업을 하고 계신다. 성공과 실패를 수없이 반복했던 사업가로서의 40년은 내 유년 시절과 청춘의 질곡이 담겨 있는, 평탄하지 않았던 가족의 역사이기도 하다.

하루는 아버지에게 왜 안정된 직장인 교사를 그만두고 가시밭길이 예정된 사업을 시작했는지 물은 적이 있다. 아버지는 "그렇게 하고 싶었다"고만 할 뿐, 특별한 이유는 없다고 대답했다. 어렸을 때부터 할아버지처럼 사업을 하고 싶었고 더 늦기 전에 행동으로 옮긴 것뿐이라는, 이유를 알 수 없지만 강렬했던 마음의 끌림을 따랐을 뿐이라고 말했다.

물론 나는 아버지의 선택을 존중한다. 하지만 만약 아버지의 선택이 다른 것이었다면 내가 겪어야 했던 삶의 고난 역시 비켜가지 않았겠냐는 아쉬움이 남는 것도 사실이다. 관계의 문제에서 과거의 가정은 부질없는 상상에 불과하지만, 그 상상이 질문이 되어 관계를 돌아볼 때 지금과는 다른 새로운 관계의 돌파구를 찾게 된다.

마음의 유전

아버지가 아버지의 마음을 설명하지 못하듯, 나도 내 마음을 설명하지 못할 때가 많다. 나는 좀 더 유연하게 세상을 살고 싶은데 고지식한 마음이 끊임없이 올라온다. 그럴 때마다 내 의지에 반하는 이 마음은 도대체 어디서 온 것인지 궁금해진다. 의문을 풀기 위해 불교의 업식業識과 무의식을 공부하면서 마음에도 몸처럼 대대로 물려 내려오는 유전적 요인이 있다는 것을 알게 됐다. 내가 이해하지 못하는 마음의 끌림은 먼 과거의 누군가로부터 시작해 나에게 이른 것이다.

이런 생각을 뒷받침해줄 새로운 이론도 있다. 사우스오스트레일리아대학교 생물 통계학과의 벤야민 교수와 암스테르담 VU대학교 연구팀은 쌍둥이에 관한 2,748편의 논문을 연구하며 유전형질에 관한 통계를 작성했다.

그들의 연구에 의하면 개인의 지능과 성격 같은 정신적인 특징은 평균 49퍼센트가 유전적 요인에 의해 결정된다고 한다. 많은 영향을 줄 것으로 생각했던 가족 환경은 17퍼센트의 영향을 미쳤고 나머지 34퍼센트는 학교나 친구 같은 사회적 환경에 의해 결정된다는 결과를 발표했다. 무려 49퍼센트의 기질이 후천적 환경이 아닌 선천적 기질로 타고난다는 것이다. 정신이 곧 마음이라고 할 수는 없지만 보이지 않는 정신의 유전은 우리의 마음 역시 유전되고 있다는 합리적 추론을 가능하게 해준다.

그래서 나는 마음을 이해하기 힘들 때, 나에게 마음 유전자를 물려준 누군가에게 책임을 돌려본다. 아무도 가르쳐주지 않아도 강렬하게 내 행동을 이끌어가는 마음의 성향들은 도대체 얼마나 길게 이어진 역사 속에서 이어져 오고 있는 걸까. 아버지가 할아버지처럼 사업을 하고 싶어 했듯이, 나 역시 너를 있게 한 과거의 또 다른 누군가의 마음과 연결돼 이렇게 글을 쓰고 있을 것이다.

'지금'이 중요한 건 아니다

마음 유전자를 언급한 이유는 타인을 이해하는 가장 중요한 부분이 '지금'에 있지 않을 수도 있다고 말하기 위해서다.

상담을 하다 보면 어린 시절 부모님으로부터 받은 가정폭력이나 무관심이 마음의 큰 상처가 되었다는 분을 많이 만난다. 한 번 생긴 마음의 상처는 아무리 시간이 지나도 쉽게 아물거나 사라지지 않는다. 특히 어린 시절의 경험은 나이가 들어서도 내가 하는 행동과 감정에 영향을 미친다. 그래서 어른이 된 후에도 부모님 앞에만 서면 고양이 앞에 쥐처럼 움츠러들고, 성난 눈만 마주쳐도 손발이 덜덜 떨리는 불안 증상이 나타나기도 한다.

이렇게 아물지 않는 상처를 치유하기 위해 그들은 제대로 크지 못한 내면 아이를 불러내 달래기도 하고 용기 내어 부모님에게 고백하기도 한다.

"어머니, 왜 그렇게 저를 모질게 대하셨나요? 그때 왜 저에게 따 듯한 말 한마디 해주지 않으셨어요? 저, 너무 힘들었어요…."

나이 든 아이의 서러운 고백이 시작되면 대개 부모님은 억울한 표정을 지으며 나름의 해명을 늘어놓는다. 뭔가 오해가 있었다고, 어쩔 수 없는 상황이었다고 변명하며 아이를 학대한 파렴치한이 되지 않으려고 애쓴다. 그렇게 몇 번의 고백과 해명이 오가다 오히 려 갈등이 깊어져 돌이킬 수 없는 파국에 이를 때도 있다. 반대로 부모님이 지난 일을 사과하며 극적인 화해가 이루어지기도 한다.

"네가 그렇게 힘들었다니, 미안하다."

하지만 부모님이 잘못을 사과하며 마음의 상처를 공감해준다 해도 아프게 살았던 유년 시절이 없었던 일처럼 지워지는 것은 아 니다. 미안하다는 말을 듣고 눈물을 흘리며 부모님과 새로운 관계 를 다짐해도 마음은 무겁고 기억은 슬플 뿐이다.

때로는 그렇게 사과를 한 부모님이 자신에게도 제대로 양육 받 지 못했던 아픈 상처가 있다며 상담을 요청하는 경우도 있다. 나 도 아이를 사랑해주고 싶었지만 그렇게 돼버렸다며, 누구에게도 말하지 못했던 마음의 상처를 털어놓는다. 이제는 어디에도 사과해줄 사람이 없는 그의 마음은 누가 다독여줄 수 있을까. 그렇게 잘못된 양육의 원인을 찾다 보면 부모님의 문제는 다시 그의 어머니와 아버지, 그들의 부모, 부모의 부모와의 관계로 거슬러 올라가야 해결할 수 있는 문제임을 알게 된다. 하지만 시간은 되돌릴 수 없고 상처받은 아이가 부모에게 내릴 수 있는 형벌은 원망과 한탄뿐이다.

상대를 용서하는 마음으로

그렇다면 어떻게 해야 할까? 어떻게 해야 아물지 않는 상처를 치유할 수 있을까? 가장 슬기로운 방법은 상대에게서 마음의 상처를 치유받을 수 있다는 기대를 버리는 것이다. 그리고 상대를 원망하는 마음 대신 그도 어쩔 수 없었을 것이라는 용서의 마음을 갖는 것이다. 물론 쉬운 일은 아니다. 하고 싶다고 쉽게 할 수 있는 일도 아니다. 하지만 문제를 해결할 수 있는 확실한 방법이기도 하다. 용서의 마음은 잘못한 상대를 분노와 처벌의 대상이 아닌, 그 역시 도움이 필요한 치유의 대상으로 여기게 해준다. 이런 사소한 설정의 차이는 상대를 어떻게 응징할지가 아닌, 어떻게 도와줘야 할지를 생각하게 하는 중요한 시선의 차이를 만든다.

분노의 마음은 시야를 좁게 만든다. 공격할 대상을 만들고 과녁에 활을 쏘듯 상대를 향해 분노를 쏟아내게 만든다. 상대에 대한 시야가 좁아질수록, 잘못한 것 하나하나를 따지고 파고들며 잘못한 내용이 아닌 잘못을 저지른 사람을 미워하게 만든다. '이런 실수나 하는 멍청한 놈, 피해를 주는 나쁜 놈'이라 나무라며 상대를 형편없는 사람으로 만든다. 반면에 용서의 마음은 시야를 넓혀준다. 시야가 넓어질수록, 사람이 아닌 잘못한 내용을 지적하며 '잘못한 사람'을 미워하지 않을 수 있게 된다. 그리고 무엇보다 지금 이 순간이 아닌, 지금을 만들어낸 길고 긴 마음의 역사를 통찰할 수 있게 해준다.

관계는 유구한 역사를 담고 있는 마음과 마음이 만나는 과정이다. 바로 지금이 아닌, 지금을 있게 한 긴 시간 속에서, 그를 있게 한 관계의 역사를 볼 때 진심으로 용서할 수 있는 마음이 일어날 수 있다.

"알아요. 당연히, 저도 알고 있어요. 그들에게도 이유가 있었겠죠."

앵무새처럼 말로만 반복하는 울림 없는 용서가 아니라, 상대의 잘못을 떠올려도 마음이 흔들리지 않는, 진심 어린 용서를 할 수 있게 된다.

다시 한번 말하지만 용서는 쉬운 일이 아니다. 자신의 분노를 마주해야 하는 용기가 필요하고 인내가 필요한 일이다. 그래도 해야 한다. 긴 시간을 두고 상대가 나에게 지은 100개의 잘못이 있다면 가장 심하지 않은 잘못부터 하나씩 용서하는 연습을 해야 한다. 그래야 응어리진 원한으로부터 조금이라도 자유로워질 수 있다. 원한에 잡아먹힌 비극적인 삶에서 벗어날 수 있다.

관계는 유구한 역사를 담고 있는

마음과 마음이 만나는 과정이다.

바로 지금이 아닌, 지금을 있게 한 긴 시간 속에서,

그를 있게 한 관계의 역사를 볼 때

진심으로 용서할 수 있는 마음이 일어날 수 있다.

3장

상처받지 않고
상처 주지 않는
관계의 언어

소통

적정 대화의 범위를 찾는 법

_유목민과 정착민

조모jomo와 포모fomo

최근 조모ЈOMO 스타일을 추구하는 조모족이 점점 늘어나고 있다. 조모는 Joy of Missing Out의 약자로 '놓치는 것의 기쁨'이란 뜻이다. 조모족은 가기 싫은 회식이나 모임에 나가지 않고 하기 싫은 일을 거부하며 자기만의 시간 갖기를 좋아한다. 사회적 평판이나 기회를 애써 잡지도 않는다. 일상에서 미니멀리즘을 추구하며 지금 설레지 않는 물건을 과감하게 버릴 수 있는 것도 조모족의 특징이다.

한편에 조모족이 있다면 그 반대편에는 포모ЕOMO족이 있다. 포모는 Fear of Missing Out의 약자로, 놓치는 것을 두려워한다는 뜻이다. 포모족은 집단에서 소외돼 내가 얻을 수 있는 기회나 평판을 놓치는 것에 불안을 느낀다. 그래서 이들은 갈 수 있는 모임은 가리지 않고 참석하며, 되도록 많은 사람에게 좋은 평가를 받으려 애쓴다.

과거에는 회사에서 다수의 포모족과 소수의 조모족이 함께 일하며 서로 부딪칠 때가 많았다. 자주 회식을 가지려는 포모속과 빠지려는 조모족, 주말에도 모임을 가지려는 포모족과 주말에는 전화를 꺼두는 조모족 사이에 크고 작은 충돌이 빈번히 일어났다.

최근에는 조모족이 대세가 되면서 포모족과의 충돌은 줄어든 반면 같은 조모족 사이에 자주 갈등이 벌어지고 있다. 예를 들면 유목형 조모족과 정착형 조모족이 만나 사생활 노출의 범위를 두고 다투는 식이다.

대화의 영역

얼마 전이었다. 퇴근 시간 5분 전, 조모족인 채희 팀장이 천천히 가방을 챙기며 말했다.

"선생님, 회사 앞에 차가 도착해서 지금 내려가봐야 할 거 같아요."

"네, 그럼 빨리 내려가보세요. 그런데 누가 데리러왔나 봐요?"

늘 혼자 버스를 타고 퇴근하던 채희 팀장이 누군가의 차를 타고 간다고 하니 그게 누군지 궁금했다.

"네? 아… 그게 말하기 좀 그런데…. 그럼 내일 뵙겠습니다."

내 질문이 갑작스러웠는지 채희 팀장은 말을 급하게 얼버무리며 자리를 떠났다.

'내가 또 괜한 걸 물어봤네.'

성급히 문을 나서는 채희 팀장을 보며 기분이 씁쓸해졌다. 업무 시간이 끝나고 누굴 만나는지는 사생활의 영역이고, 그걸 함부로 물어보는 것은 무례한 행동이라는 걸 잊어버린 것이다.

오랜 시간 프리랜서로 활동하다가 회사라는 조직에 들어오면서 가장 적응하기 힘들었던 점이 있다. 회사 내에서는 개인적인 일은 될 수 있으면 묻지 않고, 대답하더라도 무난한 내용으로 각색해서 말하는 게 관계의 규칙처럼 작용하고 있다는 사실이다.

그렇다고 온종일 업무 얘기만 하는 건 아니었다. 대개는 암묵적으로 인정된 사교적인 언어, 예를 들면 한창 화제인 드라마나 영화, 주식이나 코인, 점심 메뉴 같은 이야기를 가볍게 나누며 친분을 이어갔다. 처음에는 이런 식의 관계가 무슨 의미가 있는지 회의감이 들었지만, 나도 적응해갈 수밖에 없었다.

이런 문화에 적응하기 어려웠던 이유는 순전히 내 성향 때문이었다. 나는 혼자 있는 시간을 좋아하지만 그렇다고 배타적인 태도를 취하지는 않는다. 예를 들어 친하지 않은 누군가가 나에게 "선생님 개인 다실에 놀러가도 돼요?"라고 갑자기 물어도 표정이 굳거나 당황하지 않는다. 오히려 서 사람이 나에게 관심이 있고 친해지고 싶어 한다는 생각에 반가운 마음이 든다. 낯선 이의 방문에 설레는 마음으로 다실을 청소하고 어떤 차를 준비할지 즐겁게 생각하게 된다.

그래서 나는 남들도 나 같을 줄 알았다. 그런데 회사 생활을 하면서 그렇지 않다는 걸 알게 됐다. 대부분 친하지 않은 동료에게는 사적인 얘기를 하지 않았다. 특히 불쑥 인스타 계정을 알려달라거나 주말에 어떤 일을 했는지 진지하게 묻는 것은 대화 분위기를 냉랭하게 만드는 눈치 없는 행동 중 하나였다.

물론 함께 일하는 동료이면서 경쟁자인 상대에게 언젠가 내 약점이 될 수도 있는 사적인 일을 말하는 게 부담스러운 점도 있다. 실제로 사적인 얘기가 왜곡돼 사실 이상으로 부풀려지거나 축소되어 떠돌아다니는 경우를 겪기도 한다. 사생활에 대한 쓸데없는 참견이나 어이없는 설교를 들어야 했던 적도 여러 번이다. 가끔은 뒤바뀐 사실관계에 분노가 치밀기도 했다. 하지만 이상하게 나는 이런 일들이 기분은 나쁘지만 견딜 만한 경험으로 여겨졌다. 오해와 갈등, 소문과 평판은 사람의 마음을 들여다보고 살펴볼 수 있는 좋은 기회가 돼주기 때문이다. 기분 나쁜 일이 생겨도 '저렇게 받아들이고 말할 수도 있구나' 생각하며 지나치면 그만이었다.

사생활을 노출하지 않았을 때의 장단점

사생활에 민감한 관계의 태도에는 장단점이 공존한다.

장점은 사생활이 안전하게 보호받을 수 있다는 점이다. 사생활이 알려지지 않으니 엉뚱한 소문의 대상이 되지 않고, 상대와 적당한 거리를 두고 있으니 소소한 인간관계의 번거로움에서 벗어날 수 있다. 그렇지 않아도 힘든 회사 생활에서 밝히고 싶지 않은 사생활을 노출하는 스트레스를 받지 않으며 일에만 집중할 수도 있다.

단점은 내 태도가 거리 두기를 넘어 상대를 경계하고 의심하는 모습으로 비칠 수 있다는 점이다. 상황에 따라서는 차갑게 보이거나 융통성 없는 모습으로 비칠 수도 있다. 그래서 주위의 도움이 필요한 상황이 와도 나를 도와주는 사람이 없는 외로운 상황이 일어나기도 한다.

대개 우리는 장단점을 적당히 취합해 적절한 사생활 노출의 범위를 잡는다. 가장 흔한 방식이 말이 통한다고 생각하는 한 두 명의 동료와 사생활을 공유하는 친밀함을 유지하며 그 이외의 사람과는 거리를 두는, 중립적 관계를 맺는 것이다. 중립적 관계는 각자의 평화로운 생존을 위해 선택해야 하는 어쩔 수 없는 방법이기도 하다.

하지만 이런 고육지책과는 별개로 사생활의 영역에 대해 나와 나른 관점을 가진 상대를 바라보는 마음은 씁쓸하기만 하다. 나는 좀 더 친해지고 싶고 그에 대해 알고 싶은데, 거리를 두고 더 이상 친해지기를 원하지 않는 상대를 보면 속상할 때가 많다. 상대 역시 가까이하고 싶지 않은데 자꾸 다가오는 내가 부담스럽고 괴로울 것이다. 이런 안타까운 상황을 만드는, 사생활에 대한 인식의 차이는 타고난 성향이 다르기 때문이다.

나에게는 공개가 꺼려지는 내밀한 영역이 그렇게 크지 않다. 비유하면 호텔에서 볼 수 있는 귀금속 보관용 금고 정도의 크기로도 충분하다. 금고 안에는 무덤까지 가지고 갈 떳떳하지 못한 비밀들이 들어 있다. 너무 수치스럽고 부끄러워 외면하고 싶은 일들이 그곳에 고요히 놓여 있다. 접근 불가의 사적인 영역을 이처럼 작게 설정하는 이유는 내가 추구하는 관계 성향이 유목적이기 때문이다.

유목형과 정착형

사생활의 영역을 설정하는 성향은 크게 '유목형과 정착형'으로 나눌 수 있다. 유목형은 넓은 초원이나 사막을 횡단하며 거처를 옮기던 유목민처럼 공동 영역을 중요하게 생각하는 부류를 말한다. 이들에게는 유목민의 후예인 키르기스스탄인처럼 계절에 따라 장소를 이동하며 어디에서든 임시로 거처할 수 있는 텐트, '유르트'만 있으면 된다. 이동식 거처인 유르트는 함께 이동하는 무리의 도움 없이는 세우거나 허물 수 없는, 공동체의 힘이 필요한 집이다. 완성된 유르트는 한 가족의 거처이기도 하지만 그곳에서 돌아가며 식사를 하고 모임을 가지며 낯선 여행객에게는 대가 없이 개방되는 공동의 거처이기도 하다. 유목형에게 '내 것'이란 '내가 독점하는 나만의 것'이 아니라 잠시 빌리고 있는 대여의 개념과 유사하다. 떠날 때는 흔적 없이 떠날 수 있어야 하고 함께할 때는 텐트 중심의 온기를 공유할 수 있어야 한다.

영혼의 교류를 원하는 열정적인 수행자들, 새로운 곳을 가는 데 주저함이 없는 자유로운 개척자들은 유목형 관계를 지향한다. 본능적이고 감성적인 그들에게 친밀한 관계란 자신의 유르트에 상대방을 들이고 타인의 유르트에 발을 들이는 것에서부터 시작된다.

그들이 추구하는 관계의 목적은 마음을 나눌 수 있는 영혼의 짝을 찾는 것이고 서로를 지켜줄 단단히 결속된 공동체를 만드는 것이다.

유목형의 반대편에는 정착형이 있다. 채희 팀장처럼 정착형 관계를 추구하는 사람은 자신만의 영역을 매우 중요하게 생각한다. 내 소유의 땅과 타인의 땅을 구분하는 울타리가 있어야 하고 그 울타리 안에서 나만의 것을 소유하길 원한다. 울타리가 허물어지면 내 생명과 존엄이 위협받을 수 있다고 여긴다. 정착형에게 관계란 내 영역의 끝에 둘러쳐진 울타리와 타인의 울타리가 만나는 것을 의미한다. 현실적이고 이성적인 정착민들에게 친밀함이란 정해진 시간에 손님을 초대하고 준비된 음식을 대접하고 가야 할 시간에 가는 규칙을 바탕으로 한다. 내 것은 내 것이고 네 것은 네 것이다. 이런 명확한 구분은 타인과 뒤섞이지 않는 나만의 고유한 가치를 만들어준다. 그렇게 타인을 통해 나의 가치를 확인하는 것이 이들이 맺는 관계의 중요한 목적이다. 이들이 모여 만든 독립적이고 주체적인 공동체의 모습은 각자의 능력이 돋보이는 창의적이고 섬세한 문화를 만들어낸다.

서로의 울타리를 낮춰야 한다

관계에 있어 유목형과 정착형, 어느 쪽이 더 낫다고 이야기하는 것은 아니다. 모든 사람이 관계의 유목민이 될 필요는 없다. 그렇다고 정착민이 되길 권유하는 것도 아니다. 중요한 건 자신의 성향만을 고집하지 않는 유연한 마음을 가지는 것이다. 조모족과 포모족, 유목민과 정착민이 함께 모여 살다 보면 당연히 여러 가지 문제가 생길 수밖에 없다. 그때마다 상대를 비난하고 공격한다면, 그래서 나 또한 상대에게 그런 취급을 당한다면 타인과의 관계는 서로를 비난하고 헐뜯는 지옥이 될 수밖에 없다.

이런 갈등을 해소할 수 있는 가장 좋은 방법은 유목과 정착의 적당한 교집합을 찾는 것이다. 내가 찾아낸 교집합은 낮은 울타리를 세우는 것이다. 울타리가 높은 정착민과 울타리가 없는 유목민의 적당한 타협점을 만든 것이다. 그래서 나는 깊이 있는 관계를 맺고 싶은 상대가 생기면 먼저 낮고 헐거운 울타리를 만들어 나를 잘 보이게 한다. 그 안에서 상대가 건네는 말을 잘 들어주고 잘 웃어주며 그가 이루어가는 소소한 성과들을 잊지 않으려고 애쓴다. 그러다 보면 상대도 자연스럽게 자신의 울타리를 낮추며 진솔한 삶의 모습을 보여주기 시작한다. 낮아진 울타리 사이로 서로를 존중하고 공간하는 새로운 영역이 만들어지는 것이다.

서로를 구분 짓는 울타리가 높을수록 상대가 어떤 사람인지, 나와 어떤 정서적 연결고리를 가졌는지 알 수 있는 기회는 줄어든다. 내가 판단하기에 괜찮은 사람만을 울타리 안에 들이는 것도 좋은 방법은 아니다. 그런 태도는 울타리 밖의 더 넓은 세상에 존재할 '우연'이라는 기회를 발로 차버리는 것과 같다. 우연 속에는 나에게 새로운 영감과 에너지를 줄 수 있는 얼마나 많은 사람이 머물고 있겠는가. 그들은 오직 진솔하게 주고받는 '내 이야기'를 통해서만 만날 수 있다.

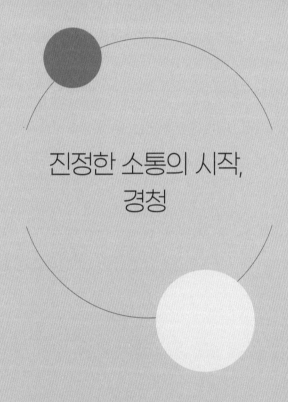

진정한 소통의 시작,
경청

"내가 감정 쓰레기통이야?"

반복되는 불쾌한 현주 씨의 행동에 은서 씨는 기분이 나빴다. 현주 씨는 일주일에 서너 번, 퇴근하는 차 안에서 은서 씨에게 전화를 걸었다. 통화 내용은 회사에서 있었던 기분 나쁜 일이나 눈에 거슬리는 사람에 대한 불평이 대부분이었다.

"왜 자꾸 가만히 있는 나를 건드리는 건지 모르겠어! 출근 시간 5분 늦었다고 뭐라고 하는데 그런 자기는 지각 안 하냐고?"

현주 씨는 잔뜩 상기된 목소리로 감정을 토해냈다.

대부분 통화는 40분 정도 이어졌다. 40분, 현주 씨가 회사에서 집까지 가는 시간이었다. 운전하던 자동차의 시동이 꺼지는 순간이 현주 씨가 전화를 끊는 순간이었다. 운전 중 전화하는 것도 문제였지만 더 거슬리는 건 집에 도착하면 바쁘다며 일방적으로 전화를 끊어버리는 현주 씨의 태도였다. 은서 씨가 더 할 말이 있다고 해도 다음에 통화하자며 전화를 끊기 일쑤였다. 매번 비슷한 패턴이 반복되다 보니 은서 씨도 슬슬 지쳐갔다.

"마치 제가 '시간 때우기용'인 것 같아요."

시간이 갈수록 자신이 이용당하고 있다는 생각이 든다며 은서 씨가 내게 말했다. 사실 현주 씨가 눈코 뜰 새 없이 바빠 운전 중에만 통화할 여유가 생기는 것도 아니었다. 그리고 정말 기분 나빴던 건 은서 씨가 어떤 말을 했는지조차 제대로 기억하지 못하는 현주 씨의 모습을 볼 때였다. 생각 없이 남 뒷담화만 하던 통화였으니 당연히 무슨 말을 했는지 제대로 기억할 리 없었다. 하지만 현주 씨에게는 심심풀이 시간이었을지 모를 그 시간이 은서 씨에게는 하고 있던 일과를 멈추고 신경을 집중해 이야기를 들어줘야 하는 힘든 시간이었다.

감정 쓰레기통이 될 필요는 없다

자신이 이용당한다는 생각이 든 뒤로 은서 씨는 퇴근 시간에 오는 현주 씨의 연락을 받지 않았다. 대신 자신이 편한 시간을 골라 연락했다. 대화 내용도 바꿨다. 현주 씨가 습관처럼 불평을 늘어놓으면 적당히 말을 끊고 긍정적인 이야기를 이끌어갔다. 그렇게 몇 번 통화하니 자주 오던 현주 씨의 전화가 뜸해졌고, 은서 씨가 전화를 걸어도 연결되지 않을 때가 많아졌다. 현주 씨의 입장에서는 마음껏 불평을 늘어놓지 못하니 은서 씨와 통화할 이유가 사라졌던 것이다.

상대가 너무 익숙해져서, 편해져서, 만만해져서, 우리는 가끔, 내 이야기를 잘 들어주는 사람이 얼마나 소중한 사람인지 잊어버린다. 그래서 현주 씨가 은서 씨에게 했던 것처럼 이야기를 들어주려고 노력하는 친구를 감정 쓰레기통 정도로 여기며 함부로 대하게 된다. 친구의 감정은 고려하지 않은 채 하고 싶은 말만 하거나 했던 말을 지겹게 반복하며 친구를 지치게 만든다. 이런 실수가 반복되는 이유는 친구는 그렇게 대해도 괜찮다는 선입견을 가지고 있기 때문이다. 친구니까 당연히 그 정도 말은 할 수 있다고 생각하고, 친구니까 당연히 내 이야기를 경청하고 공감해줘야 한다고 생각한다. 하지만 세상에 당연한 일이란 없다. 친구란 그렇게 함부로 막 대해도 되는 보잘것없는 존재가 아니다.

깊은 관계를 만드는 최고의 소통법

경청傾聽이란 말을 풀이하면 '내 마음을 기울여 듣는다'는 뜻이 된다. 상대가 내 생각과 다른 말을 해도, 상대의 말을 등지고 듣지 않는 것이 아니라, 온 마음을 기울여 진심을 들으려 노력하는 것이다. 경청의 순간을 또 다른 한자로 표현하면 사람이 마음을 마주하고 있는 모습 '伈(심)' 자가 써진다. 伈은 두렵다는 뜻이다. 상대의 진심을 듣는다는 것은 두려운 일이다. 그의 마음속에 생각하지 못했던 비열하고 저열한 소리가 숨어 있을 수도 있고, 슬픔과 고통의 소리가 메아리치고 있을 수도 있기 때문이다. 두려움을 무릅쓰고 마음의 소리를 듣기 위해 애쓰는 경청이야말로 깊은 관계를 맺을 수 있는 최고의 소통 방법이다.

그렇다고 해서 상대의 말을 무조건 들어주기만 하는 것이 경청은 아니다. 잘 들어줘야 한다는 의무감으로 이해되지 않는 말을 그렇지 않은 척 들어주는 것은 좋은 관계를 위한 건강한 경청이 아니다. 자리에서 일어나면 상대가 무슨 말을 했는지조차 기억하지 못하면서 "네, 그러셨어요. 아이고, 어떡해요"라며 영혼 없이 대꾸를 남발하는 것은 상대를 향한 기만일 뿐이다.

무한정 타인의 말을 들어줄 수 있는 사람은 세상에 없다. 잘 들어주면서도 어떤 말은 아니라고 해야 하고, 어떤 말은 대꾸 없이 흘려들을 줄도 알아야 한다. 아무 말이나 받아들이는 것이 아니라 받아들여야 할 말을 놓치지 않기 위해 상대에게 마음을 기울여야 한다.

경청은 상대의 목소리를 끌어내는 것

상대가 공감할 수 없는 말을 하고 있을 때는 정확한 내 의견을 전달하며 경청을 이어가야 한다. 이때 상대의 말꼬리를 잡고 늘어지거나 그건 틀렸다고 나무라듯 말하며 면박을 줘서는 안 된다. 상대의 의견도 옳을 수 있다는 가능성을 열어둔 채 내 생각은 이렇다는 의견을 제시하는 정도여야 한다. 상대의 입장이라면 그럴 수도 있겠다는 호응과 함께 한편으로는 내 솔직한 마음을 상대의 어깨를 가볍게 툭, 치는 느낌으로 알려주는 것이다.

예를 들면 "그건 아닌 것 같아요"라는 말 대신 "저에게는 아직 어려운 내용이지만 그렇게 생각할 수도 있겠네요" 정도로 말하는 것이 좋다. 그래야 대화에 적당한 긴장이 유지되고 상대도 자신의 의견에 부족한 부분을 더 꼼꼼히 채워가며 대화를 이어가고 싶은 마음이 생긴다. 억울하고 분한 마음에 감정이 격해진 상대의 말을 함부로 끊으며 시비설 듯 따져서도 안 된다. 해결이 아닌 공감이 먼저고, 공감하되 기만하지 않는 것이 좋은 경청의 자세다.

진정한 의미의 경청이란 상대가 더 나은 이야기를 할 수 있도록 도와주는 것이다. 미처 꺼내지 못했던 마음 깊은 곳의 이야기를 자유롭게 꺼낼 수 있도록 들어주는 것. 그래서 때로는 침묵도 경청이 될 수 있고, 질문이나 호응도 경청의 한 부분이 될 수 있다. 진심을 알게 된다는 두려운 마음이 들더라도 우리는 상대의 말 너머에 있는 마음의 소리를 듣기 위해 노력해야 한다. 그래야 그가 진정으로 하고 싶어 하는 이야기를 들을 수 있다. 말을 잘하지 못해서, 표현이 서툴러서 놓칠 수 있는 그의 진심을 마주할 수 있다.

내가 판단하기에 괜찮은 사람만
자신의 울타리 안에 들이는 것도 좋은 방법은 아니다.
그런 태도는 울타리 밖의 더 넓은 세상에 존재할
'우연'이라는 기회를 발로 차버리는 것과 같다.
우연 속에는 나에게 새로운 영감과 에너지를 줄 수 있는
얼마나 많은 사람이 머물고 있겠는가.

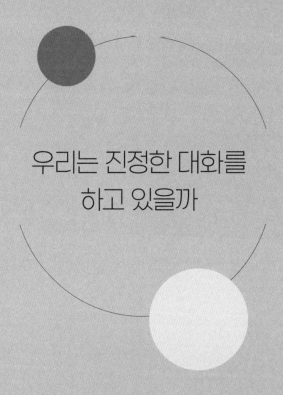

우리는 진정한 대화를
하고 있을까

말을 잘하는 것과 대화를 잘하는 것은 다르다. 말은 혼자서도 잘할 수 있지만 대화는 말하는 사람과 들어주는 사람 간의 합이 맞지 않으면 원활하게 진행되지 않는다.

우리는 대화를 시작하기 전에 상대와의 관계에 따라 어떻게 말할 것인지를 결정하게 된다. 편한 사람과 대화할 때와 싫은 사람과 대화할 때, 대화의 내용이나 방식은 달라질 수밖에 없다.

말은 잘하지만 대화를 잘하지 못하는 사람들은 상황에 따른 적당한 대화 방식을 무시하고 말할 때가 많다. 어색한 사람에게 친한 사람과 대화하듯 가볍고 조심성 없는 대화를 해 오해를 사기도 하고 따뜻하게 보듬어줘야 할 상대에게 냉랭하고 차갑게 대화하기도 한다. 어떤 관계인지 상관없이 초지일관 자신의 스타일대로 일방적인 대화를 끌어가는 사람도 있다.

여기에서 우리가 맺고 있는 수많은 관계를 열거하며 거기에 적

합한 대화 방식을 일일이 설명할 수는 없다. 하지만 모든 대화에는 공통으로 충족시켜야 하는 기본 전제가 있고, 그 전세만 만족시켜도 나쁘지 않은 대화를 이어갈 수 있다. 좋은 대화를 위한 기본 전제는 내가 하고 싶은 말과 상대가 듣고 싶어 하는 말의 균형을 맞추는 것이다. 대화 난도가 높은 사춘기 아이와 엄마와의 대화를 예로 살펴보자.

딸아이의 휴대전화

유미 씨는 이제 막 중3이 된 딸아이의 휴대전화 메시지를 보고 큰 충격에 휩싸였다. 평소에 유미 씨는 자신의 딸이 순하고 말 잘 듣는 착한 아이라고만 생각하고 있었다. 하지만 아이가 친구와 주고받은 메시지에는 자신을 향한 욕설과 증오의 말들이 가득 쓰여 있었다.

욕설은 그녀가 아이를 훈육한 날에 집중돼 있었다. 열어서는 안 될 판도라의 상자를 연 유미 씨는 메시지를 본 뒤로 잠을 이룰 수 없었다. 그냥 넘기기에는 메시지에 적힌 욕설의 수위가 너무 높았고 왜 이런 메시지를 친구에게 보냈느냐고 물었다가는 휴대전화를 훔쳐본 사실이 일을 더 크게 만들 것 같았다. 몇 해 전까지만 해도 품에 안고 기르던 귀여운 아이가 어떻게 저런 글을 쓸 수 있는지 밀려오는 배신감에 혼란스러웠다. 유미 씨는 아이에 대해 잘 알고 있고 서로 충분히 대화하고 있다고 생각했다. 그런데 뭐가 문제였을까? 왜 아이는 그녀를 이렇게 미워하게 됐을까?

일방적 대화가 불러온 참극

유미 씨와 아이와의 문제는 대화의 양이 아니라 대화의 내용에 있었다. 일상적으로 그녀는 아이와 다음과 같은 대화를 이어오고 있었다.

"엄마, 저 연예인 멋지지 않아?"
"그래, 멋있어. 그런데 공부는 다 했니?"

"엄마, 오늘 몇 시에 와?"
"어, 퇴근하고 바로 갈 거야. 오늘 공부할 거 다 했지?"

"엄마, 일요일에 친구랑 밖에서 놀다 오면 안 돼?"
"글쎄, 생각해보자. 그런데 밀린 공부는 언제 하려고. 그 친구는 공부 잘해?"

유미는 아이를 위해 꼭 필요한 말을 하고 있다고 생각했지만, 대화 내용을 보면 그녀는 자기가 말하고 싶은 내용만을 반복해서 물어보는 일방적인 태도를 보이고 있었다. 아이는 정서적인 소통을 시도하는데 엄마는 아이의 질문과 상관없는 대답만 하고 있으니 어떻게 대화가 되겠는가? 점점 진심 어린 소통은 끊기고 아이의 마음에는 불만만 쌓여갔을 것이다.

아이와 부모 모두 서로를 사랑하지만 사랑을 표현하는 방식이 일방적이면 갈등은 커질 수밖에 없다. 그런 갈등이 쌓여 불만이 되고 불만이 쌓여 분노가 된다. 나는 분명 최선을 다해 아이를 키웠을 뿐인데 어느새 아이에게 상처와 분노를 안겨준 가해자가 돼 있는 것이다. 아무리 좋은 관계라 해도 망가지는 데는 오랜 시간이 걸리지 않는다. 생각 없이 던진 말 한마디, 찡그린 표정 하나가 발단되어 순식간에 최악의 관계로 변할 수도 있다.

좋은 대화의 조건

관심과 공감은 좋은 대화를 위한 필수 조건이다. 관심이 없으면 본인이 하고 싶은 말만 하게 되고, 공감이 부족하면 상대의 말에 거부감이 들게 된다. 최악의 대화는 상대가 관심을 가지고 공감해 주기를 원하면서 정작 자신은 상대에게 관심도 없고 공감도 하지 않는 것이다. 유미 씨는 아이가 왜 그런 말을 하는지 먼저 관심을 가지고 공감해줘야 했다.

나에게도 유미 씨의 아이와 비슷한 또래의 딸아이가 있다. 아이가 막 중학생이 됐을 때, 나에게 가수 아이유에 대해 말한 적이 있다. 아이는 사춘기가 되면서 아이유 팬이 됐다. 방 안 가득 아이유 사진을 붙여놓고 굿즈를 사고 매일 노래를 듣고 따라 불렀다. 만 14세 미만은 팬클럽 등록이 안 돼서 내 이름으로 대신 팬클럽에도 등록했다.

아이의 그런 모습을 보며 나는 아이의 애착 대상이 부모에게서 연예인으로 바뀌고 있는 사회화 과정을 지켜볼 수 있었다. 아이는 점점 독립된 인격을 지닌 사회적 존재로 성장해갈 것이다. 그래서 나는 아이유에게 고마운 마음이 든다. 아빠, 엄마를 대신해 아이가 좋아할 수 있는 사람이 돼줘서. 그런 감사한 마음으로 나도 아이유에 관해 관심을 두게 됐고 그녀가 충분히 매력적이고 훌륭한 가수라는 점에 공감할 수 있었다. 얼마 전에도 TV에 나온 아이유를 보며 이런 대화를 나눈 적이 있다.

"저렇게 노래 잘하고 예쁜 아이유도 처음에는 스무 번 넘게 오디션에서 떨어졌대. 그러다 힘들게 중소 기획사에 합격했는데 거기에서는 또 사기를 당했다네. 그런데 다시 도전해서 지금의 아이유가 된 거잖아. 참 대단한 거 같아. 실패 앞에서 멈추지 않고 용기를 낸다는 게. 아빠였다면 움츠리기만 했을 텐데."

내 말을 듣고 있던 아이는 깜짝 놀란 표정으로 말했다.

"응, 나도 알고 있어. 그런데 아빠가 그걸 어떻게 알았어?"

아이는 곧바로 아이유의 또 다른 비하인드 스토리를 들려줬다. 별것 아닌 것 같은 이런 대화가 꾸준히 반복되면 아이는 사소한 문제에도 '아빠가 이번에는 어떤 말을 할까?' 기대하며 대화를 즐기게 된다. 공감과 관심이 서로 대화가 통하는 친밀한 사이를 만들어주는 것이다.

하지 말아야 할 표현

좋은 대화를 위해 또 하나 신경 써야 할 부분이 있다. 말을 잘하는 것만큼 하지 말아야 할 말을 하지 않는 것도 중요하다는 점이다. 대화를 이어가다 보면 자신은 별생각 없이 말하지만 듣는 사람은 기분이 상할 수 있는 묘한 느낌의 문장들을 말하게 될 때가 있다. 화자는 그 말을 감정이 실리시 않은 중립적인 의미라고 생각하지만, 듣기에 따라서는 상당히 부정적으로 들릴 수도 있는 표현들이다. 개인마다 기준이 다르겠지만, 나 같은 경우, 다음 네 가지 말을 들으면 특히 마음이 불편해진다.

1. 솔직히 말해서

말하는 사람은 솔직한 심정을 전달하고 싶어서 쓰는 말이지만, 듣기에 따라 주관적인 감정을 공격적으로 표현하고 있다는 느낌이 드는 말이다. 그 뒤에 이어지는 말들도 거칠고 부정적이기 쉽다. 솔직히 말하는 것도 좋지만 상대에 대한 배려 없는 솔직함은 진실의 가치를 떨어뜨리는 경솔한 언어폭력이 될 수도 있다. 아랍의 속담처럼 "날카로운 진실의 화살을 쏘아야 한다면 그 화살촉에는 꿀을 묻혀야 한다." 될 수 있으면 '솔직히 말해서'라는 표현보다 '개인적인 의견'임을 강조하는 표현을 써서 대화를 이어가는 게 좋다.

"솔직히 말해서 그때 네가 입었던 옷은 너무 촌스러웠어."

→ "개인적인 생각이지만, 그때 네가 입었던 옷은 너랑 잘 안 맞았던 것 같아!"

2. 그건 알겠는데

상대의 의견을 제대로 이해하지 못하면서 아는 것처럼 말할 때 쓰는 표현이다. 정말 잘 알았다면 어쩔 수 없는 상대의 상황에 공감해줘야 한다. 만약 사정을 잘 알고 있는데도 상대를 비난한다면 그것처럼 기분 나쁜 일도 없다. 똑같은 말이라도 '그건 알겠는데'를 쓰지 않고 다르게 표현하는 방법은 많다.

> "힘든 건 알겠는데, 너만 힘든 거 아니잖아."
>
> → "모두가 힘든 상황이니, 조금만 더 서로를 배려해보자."
>
> "당신이 예민한 건 알겠는데, 그렇다고 그렇게 말하면 안 되지."
>
> → "마음이 예민해지면 생각하지도 못한 말이 나오는 것 같아."

3. 내 알 바 아니지만

이 말처럼 무책임하게 들리는 표현이 없다. 무조건 상황에 책임지기 싫다는 말로 들릴 뿐이다. 이런 표현 대신 지금 어떤 상황인지 알지 못해도, 기회가 되면 알아보겠다는 의지를 보여주는 표현을 하는 것이 좋다.

> "그 일은 어떻게 된 거죠?"

"그건 제 알 바 아니잖아요."

→ "글쎄요. 그 일이 왜 그렇게 됐는지 잘 모르겠어요. 계속 알아

보는 중이에요."

4. 너답지 않게

내가 나답게 살고 싶다는 말은 나를 한정하는 말이 아니라, 진정한 나를 찾아 살고 싶다는 뜻으로 하는 말이다. 하지만 다른 사람이 나에게 '너답게 살라'고 말하는 것은 그가 내 모습을 자신이 생각하는 틀에 가두는 것 같아 불쾌한 기분이 들 때가 있다. 때로는 내가 아는 너의 모습을 뛰어넘는 행동을 하지 말고 익숙하게 행동하라는 뜻으로 들릴 수도 있다. 그래서 이런 말을 들으면 '도대체 나다운 게 뭐지?'라는 반발심이 든다. 굳이 '너답지 않게'라는 표현을 쓰지 않고도 얼마든지 대화를 이어갈 수 있다.

"너답지 않게 일을 왜 그렇게 처리했어?"

→ "평소와는 달라 보였어. 그날은 컨디션이 좀 안 좋았나 보지?"

이 밖에도 귀에 거슬리는 또 다른 표현들이 있을 것이다. 그런 표현을 잘 기록해놓고, 적어도 나 자신은 사용하지 않도록 주의해

야 한다. 내가 싫은 건 타인에게도 하지 않겠다는 마음으로 대화
한다면 어느새 사려 깊은 대화를 나눌 줄 아는 좋은 파트너가 돼
있을 것이다.

타인과의 관계에서

모두가 떠난 후에도 마지막까지 남는 기억은

그가 어떤 사람이었느냐가 아닌

내가 어떤 사람이었느냐다.

낯선 관계에서의
소통

집필실 구하기

생애 첫 집필실을 구하러 다닐 때, 내가 원했던 첫 번째 조건은 '조용한 곳'이었다. 건물이 좀 낡고 외진 곳에 있어도 조용하기만 하면 괜찮았다. 조금 더 욕심을 부려서 전망이 답답하지 않고 주위에 공원이나 미술관이 있다면 더 바랄 게 없었다. 어디에 그런 공간이 있을까 발품을 팔다가 정말 기적처럼 딱 맞는 곳을 찾아냈다.

국립현대미술관과 가회동 사이에 있는 15평 크기의 2층 건물이었다. 작업실로 쓸 2층에서 보면 눈앞으로 아직 개발되지 않은 1만 평에 가까운 노지가 펼쳐졌고 건물 주위에는 한복 대여점 한 곳과 식당 한 곳만 덩그러니 서 있어 시끄럽지 않았다. 노지에 우거진 수풀 사이로 새소리가 들렸고 동네는 한적한 시골처럼 고요했다. 근처에 미술관도 있고 걷기 좋은 가회동 거리도 있으니 이보다 더 좋을 수 없었다. 심지어 건물 앞을 지나는 유동 인구도 별로 없어서 근처에 비해 월세도 20퍼센트 정도 쌌다. 서울 도심 한복

판에 이런 곳이 있다는 게 믿어지지 않았다. 너무 기쁜 마음에 얼른 계약하고 입주를 끝낸 뒤, 꿈에 그리던 집필실에서의 첫날, 열어놓은 창문으로 이곳에 처음 왔을 때 들었던 청아한 새소리가 들려왔다.

'새소리 참 좋다!'

나는 새소리를 들으며 창밖에 있을 새를 찾아보았다. 하지만 한참을 찾아도 새를 찾을 수 없었다. 그다음 날에도, 또 그다음 날에도, 아침에도, 저녁에도 새소리는 한 번도 끊이지 않고 들려왔지만 정작 새는 보이지 않았다. 그렇게 일주일 정도 새소리를 들으며 비로소 뭔가 이상한 생각이 들었다. 지금까지 듣고 있던 새소리가 똑같은 크기와 음색으로 반복해서 나고 있다는 점이었다. 이건 분명 자연스러운 새소리가 아니었다. 의심스러운 마음에 집필실 주위를 돌아보며 찾아낸 새소리의 출처는 노지의 풀밭이 아닌 한복 대여점이었다. 집필실 맞은편에 있던 한복 대여점에서 온종일 새소리 ASMR을 틀어놓은 것이다. 집을 보러 왔을 때 들었던 새소리도 바로 이 소리였다. 진짜 새소리를 틀어놨으니 진짜 살아 있는 새가 내는 소리인 줄 알았던 것이다.

그 뒤로 새소리는 참기 힘든 소음이 되었다. 한 번 거슬리기 시작한 소리는 종일 귀를 맴돌며 나를 괴롭혔다. 창문을 닫아도 환

청처럼 새소리가 들렸다. 소리에 적응이 될 때까지 참아볼까도 생각했지만 어렵게 마련한 나만의 공간에서 불편을 감수하고 있을 수만은 없었다.

대부분 이런 경우에는 문제 해결을 위한 세 가지 선택지가 앞에 놓이게 된다.

첫 번째는 한복 대여점에 찾아가 새소리를 꺼달라고 하는 것이다. 그런데 그렇게 하기에는 상대가 어떻게 반응할지 걱정이 앞선다. 서로 언성이 높아지고 싸우는 일이 벌어지는 건 원하지 않는 일이다.

두 번째는 구청에 소음 관련 민원을 넣는 것이다. 상대에게 나를 드러내지 않아도 되니 편한 일이다. 단속을 나왔으니 상대도 순순히 소리를 끌 수밖에 없을 것이다. 하지만 숨어서 일을 진행하고 있는 것 같아 당당하지 못한 느낌이 든다. 한복 대여점 사장님은 누군지도 모르는 사람이 자신을 신고했다는 사실에 얼마나 불쾌할까 찝찝한 마음이 들기도 한다.

마지막 방법은 그냥 참는 것이다. 나만 참으면 아무 일도 일어나지 않는다는 생각으로 소리에 적응될 때까지 참고 기다리는 것이다.

이런 세 가지 선택지 앞에서 최종 선택을 할 때 우리는 자신만의 '코핑 메커니즘Coping Mechanism'에 따라 행동하게 된다. 코핑 메커니즘은 스트레스를 일으키는 환경에 적응하기 위한 내면의 대응 전략을 말한다. 지금까지 겪어온 축적된 경험과 지식을 바탕으로 스트레스 상황이 벌어지면 능동적으로 대응할 수 있게 만들어진 일종의 나만의 방어 시스템이라고 생각하면 된다.

이런 상황이 벌어질 때 내 코핑 메커니즘은 상대를 직접 찾아가 문제를 해결하는 것이다. 무엇이 문제인지 의견을 나누기 위해서는 먼저 많은 준비를 해야 한다. 내가 혹시 이기적인 요구를 하는 건 아닌지, 너무 예민해서 타당하지 않은 불만을 품고 있는 건 아닌지를 충분히 숙고할 수 있는 시간이 필요하다. 중간 과정이 번거로워 어느 정도 불편함을 감내하며 상황을 외면하고 싶은 마음이 들기도 한다. 그런 마음을 넘어 결국 상대를 찾아가 협상을 진행해야 하는 경우는 내가 정말 불편하고 괴로울 때다. 상대를 찾아가기까지의 망설임은 내 마음이 불편을 견뎌내는 수용의 한계를 가늠하는 앎의 과정이기도 하다.

한복 대여점 사장님과의 대화

나는 코핑 메커니즘에 따라 직접 한복 대여점에 찾아가보기로 했다. 이때 중요한 건 다짜고짜 상대에게 불만을 토로하며 항의성 말들을 쏟아내서는 안 된다는 점이다. 그보다는 상대가 어떤 사람이고 무엇을 위해 새소리를 틀어놓고 있는지를 아는 것이 먼저여야 한다. 그러기 위해서는 최대한 차분히 상대와 안면을 익히고 대화를 시도해야 한다.

조심스럽게 찾아간 한복 대여점의 사장님은 생각보다 평범한 얼굴을 하고 있었다. 한복을 입고 있어 단정해 보이는 옷차림에 동그랗고 하얀 얼굴은 친근한 느낌마저 들었다. 그의 평온한 얼굴을 보니 저절로 마음이 풀리고 따듯해지는 것 같았다.

"새로 이사 온 옆집에서 왔습니다. 인사차 들렀습니다. 반갑습니다."

먼저 가볍게 인사를 하고 한복집의 근황을 물어보며 지나치듯 새소리를 틀어놓고 있는 이유를 물어봤다.

"아! 새소리요. 좋은 소리를 틀어놓으면 좋은 운이 들어온다고 하더라고요. 그래서 제가 좋아하는 새소리를 틀어놨어요."

사장님의 말을 들으니 그의 의도에 공감이 됐다. 한복 대여점이

외진 곳에 있고, 유동 인구가 없으니 새소리라도 내어 사람들의 관심을 끄는 것이 바로 좋은 운을 만드는 일이기도 했다. 내기 오기 전까지는 누구에게도 피해를 주는 일이 아니었으니 괜찮은 방법이 될 수 있었다.

한복 대여점 사장님과 이야기를 나누고 다시 집필실로 돌아왔다. 나는 책상에 앉아 새소리를 들으며 다시 고민에 잠겼다. 어떻게 해야 할지 꼬박 하루를 고민하다 다음 날 다시 한복 대여점에 찾아갔다. 그리고 내 이야기를 꺼냈다. 책을 읽고 글을 써야 하는데 새소리에 시끄러워 집중할 수 없다고. 참으려고 했는데, 쉽지 않았다는 그간의 내적 갈등을 솔직히 말씀드렸다. 좋은 운을 위해 소리를 트는 것도, 집중할 수 없으니 소리를 꺼달라는 것도 각자의 입장에서는 일리 있는 주장이었다. 나는 적당한 합의점을 찾으면 좋겠다고 말했다. 한복 대여점 사장님은 조용히 내 얘기를 듣다가 그럼 새소리 볼륨을 줄이면 어떻겠냐는 중재안을 냈다. 좋은 소리가 좋은 운을 불러오는 데 크기가 상관있겠냐며 앞으로는 문밖으로 소리가 나는 일이 없을 거라고 거듭 약속했다. 나 역시 소리가 집필에서만 들리지 않으면 되니 괜찮은 제안이었다. 사장님은 곧바로 새소리를 작게 줄여주셨다. 관계의 평화는 대화와 타협을 통해 이루어진다는 대응 전략을 다시 한번 확신할 수 있는 순간이었다.

식당과의 갈등

~~~~~~~~~~~~~~

낯선 곳에서 자리를 잡기 위해서는 생각보다 많은 갈등을 해결해야 한다. 새소리가 해결되어 한시름 놓고 있던 찰나에 또 다른 문제가 터졌다. 옆에 있던 식당에서 자신들이 사용하고 버린 재활용 쓰레기를 집필실 문 옆에 모아두는 것이었다. 매일같이 쓰레기를 쌓아놓는 걸 보니 이전부터 관례상 그곳에 버리고 있던 것 같았다. 쓰레기는 창밖으로 보이는 좋은 전망을 망쳐놓고 있었다. 이번에도 나는 대응 전략에 따라 직접 식당으로 가 대화를 시도했다. 그런데 이번엔 반응이 달랐다. '쓰레기'라는 단어를 꺼내자마자, 식당 주인은 불쾌한 기색을 드러내며 자기는 모르겠으니 시설 관리인을 찾아가보라고 했다. 잠시 후 식당 관리인처럼 보이는 두 명의 남자가 다가오더니 다짜고짜 내게 언성을 높였다. 주인의 마음에 들어야 하는 직원들은 필요 이상의 과잉 반응을 보이고 있었다. 주인은 멀찌감치 떨어져 마치 자기 일이 아닌 듯 상황을 지켜보기만 했다. 버럭버럭 소리를 지르며 나를 위협하는 그들에게 나 역시 내가 온 목적을 소리 높여 말할 수밖에 없었다.

"대문 앞에 음식점 쓰레기를 쌓아놓으니 냄새도 나고 미관상 보기 좋지 않습니다. 조치를 취해주셔야 할 것 같아요."

내 말을 듣고 있던 작은 키에 스포츠머리를 한 관리인이 팔짱을 낀 채 눈을 부라리며 말했다.

"몰라서 그러나 본데, 당신 오기 전부터 원래 쓰레기는 이곳에 뒀다고. 동네에서 다 얘기된 걸 가지고 트집을 잡고 그래. 도대체 당신 뭐 하는 사람이야?"

시종일관 반말과 손가락질을 일삼는 그들에게 동요되지 않기 위해 나는 천천히 숨을 가다듬으며 말했다.

"제가 오기 전에 그런 규칙이 있었어도, 이제 제가 새로 왔으니, 저는 그런 관례를 따를 수 없습니다. 쓰레기를 선생님 가게 앞에 두거나, 다른 곳으로 옮겨주세요."

관리인은 내 말에 대답하지 않고 똑같은 말만 반복했다.

"전에 살던 사람은 안 그랬다니까. 당신 뭐 하는 사람이야?"

상대는 계속 내가 뭐 하는 사람인지 물었고 대화는 평행선을 긋고 있었다. 상대가 너무 흥분하고 있어서 잠시, 쓰레기를 치워달라는 내 요구가 무리한 것인지 다시 생각해봤지만, 아무리 생각해도 집필실 앞에 식당 쓰레기를 놓아두는 건 용납하기 힘든 일이었다. 나는 계속 쓰레기를 치워달라는 요청을 반복했고 상대는 동네가 떠나갈 듯 목소리를 높이며 물러서지 않았다. 만약 끝까지 합의가 되지 않는다면 관공서의 힘을 빌려서라도 문제를 해결할 생각이었다.

감정적인 그들 앞에서 나도 감정적으로 되고 있었고 지나가던 행인들은 흥미로운 볼거리를 구경하듯 힐끔거렸다. 다행히 30분이 넘게 이어진 실랑이 끝에 관리인들이 쓰레기를 식당 후문으로 옮기는 선에서 극적인 합의를 볼 수 있었다.

모두에게 일리는 있다

나는 이 일을 통해 낯선 환경에서 낯선 사람들과 관계를 맺는 데 필요한 코핑 메커니즘의 전략을 좀 더 세밀히 다듬을 수 있었다. 항의가 아닌 대화를 시도하되 상대방이 원하는 목적을 먼저 이해해야 한다는 점이었다. 낯선 환경에서 낯선 타인에게 적응한다는 것은 그가 무엇을 얻으려 하고 지키려 하며 버리려 하는지를 아는 것에서부터 시작해야 한다. 그래야만 상대가 얻으려는 것을 통해 나에게 무엇을 원하는지를 알게 되고, 지키려는 것을 통해 내게서 무엇을 빼앗기지 않으려 하는지를 알게 되며, 버리려는 것을 통해 내게 무엇을 받지 않으려고 하는지를 알 수 있게 된다.

한복 대여점 사장님이 얻고자 했던 것은 '좋은 운'이었다. 지키고 싶은 것은 '어느 정도 장사가 잘되고 있는 지금의 운'이었고, 버리고 싶은 것은 '장사가 잘되지 않을 수도 있다는 불운'이었다. 행운을 불러오기 위해 새소리를 틀었으니, 남의 마음에 상처를 줘서 생길 수도 있는 불운을 원하지 않았을 것이다. 그런 목적이 있었기에 사장님은 매사에 조심스러운 태도를 보였고 덕분에 나와도 싸우지 않고 문제를 해결힐 수 있는, 평화로운 해결책을 끌어낼 수 있었다.

반면에 식당이 얻고자 했던 것은 '식당이 깨끗이 유지되는 것'이었다. 그래서 남의 집 앞에 쓰레기를 버리던 그동안의 악습을 지키고 싶어 했다. 버리고 싶었던 것은 '가게의 불결함'이었다. 나는 식당이 얻고 싶었던 것을 방해했고 지키고 싶었던 것을 지키지 못하게 했으며 버리고 싶은 것을 버리지 못하게 하는 불쾌한 사람으로 여겨졌을 것이다. 그러니 충돌이 일어날 수밖에 없었다.

이기적인 목적이 있는 상대와는 불가피한 대립이 일어날 수밖에 없다. 안타까운 일이지만 모든 관계가 평화로울 수만은 없다. 때로는 반목과 대립이라는 과정을 통해 서로의 합의점을 찾아야 할 때도 있다. 이럴 때는 시비를 가려줄 수 있는 법리적 판단에 결정을 맡기는 것도, 필요 없는 다툼을 피하고 객관적인 잘못을 따질 수 있는 합리적인 방법이 될 수도 있다. 최종 판단에 앞서 상대가 왜 그런 식의 행동을 했는지에 대한 대화가 선행돼야 한다. 상대에게도 틀림없이 그만의 일리가 있을 것이다. 그만의 일리를 외면한 차가운 법리는 관계의 원만한 유지와는 상관없는, 상식적인 옳고 그름만을 판단해줄 뿐이다. 하지만 '일리의 수용'은 각자의 입장을 고려하며 적당한 타협을 가능하게 하는 인간적인 소통의 장을 열어준다. 각자의 일리 있는 주장에서 서로 수긍할 수 있는 공감대를 만들어내기까지의 다툼은 새로운 관계를 만들기 위한 어쩔 수 없는 과정으로 받아들여야 한다.

관계의 문제를 푸는 데 정답은 없다. 똑같은 공손함과 조심스러움으로 상대에게 다가가도 누군가와는 대화로 해결점을 찾게 되고 누군가와는 길거리 싸움을 하게 된다. 상대방이 어떤 반응을 보일지는 직접 겪어야만 알 수 있다. 그 경험을 통해 나만의 코핑 메커니즘을 최적화시켜나가는 것이 낯선 관계에 적응하는 시간과 마음의 상처를 줄일 수 있는 최선의 방법이다.

관계는 자주
그 모습을 바꾼다

20년 지기와의 이별

"옆에서 지켜본 것만 20년이에요. 성격은 어떤지, 뭘 좋아하고 싫어하는지, 무슨 고민을 하고 누굴 만나고 다니는지 그 친구에 관한 거라면 누구보다 잘 알고 있다고 생각했어요. 그런데 함께 일해 보니 몰랐던 또 다른 면이 있더라고요."

근심이 가득한 표정으로 지우 씨는 긴 한숨을 쉬었다.

둘도 없이 친한 친구였던 지우 씨와 현우 씨의 사이가 벌어진 건 동업 때문이었다. 지우 씨는 퇴직 후 동네에 작은 카페를 차리며 마침 하는 일이 없던 현우 씨에게 카페 매니저 일을 부탁했다. 카페를 운영했던 경험이 있던 현우 씨가 많은 도움이 되리라는 생각에서였다. 지우 씨의 제안에 현우 씨도 흔쾌히 수락하며 자신 있게 말했다.

"내가 도와줄 테니 나만 믿어. 한창 잘될 때는 하루 매출 500만원 넘기는 건 일도 아니었어. 하나씩 노하우를 전수해줄 테니까 걱정하지 말라고."

내성적이고 소심한 편인 자신에 비해 모든 일에 자신만만한 현우 씨의 모습에 지우 씨는 마음이 놓였다. 카페를 열면 고객 응대나 마케팅이 걱정이었는데 더분에 커피 맛과 플레이팅에만 신경 쓰면 될 것 같았다. 나름 완벽한 조합으로 문을 연 지우 씨의 카페는 초반에는 손님들로 북새통을 이뤘다. 밀려드는 손님을 보며 지우 씨와 현우 씨는 분점은 어디에 낼지를 상상하며 즐거운 나날을 보냈다.

그런데 이들이 한 가지 간과한 점이 있었다. 지우 씨의 카페가 시내 번화가가 아닌 조용한 동네 외곽에 있었다는 점이다. 새로운 가게가 들어서면 호기심에 한두 번 들려 분위기를 살피고 그 뒤로 뜸해지는 일회성 손님이 많은 게 동네 장사였다. 소심한 초보자 지우 씨와 자신만만한 현우 씨는 개장 두 달 만에 암울한 현실을 맞이해야 했다.

손님이 눈에 띄게 줄어들자 지우 씨와 현우 씨의 갈등도 시작됐다. 현우 씨는 장사가 안되니 제품 할인율을 높이고 전단을 돌리며 공격적인 마케팅을 해야 한다고 주장했다. 하지만 지우 씨는 이미 최저가로 팔고 있는 커피값에 할인은 무리라고 생각했고 지금

같은 시대에 무슨 전단 홍보냐며 현우 씨의 제안을 단번에 거절했다. 대신 지우 씨는 맛으로 승부를 걸고 입소문을 늘리자고 했고 SNS를 활용해 팔로우를 늘려가면 손님도 늘 거라고 주장했다.

서로 다른 성향만큼 의견 충돌은 곳곳에서 일어났고 자기 의견이 채택되지 않을 때마다 현우 씨는 불성실한 모습으로 불만을 드러냈다. 가게에 늦게 출근하는 건 예사이고 갑자기 일이 생겼다며 퇴근 시간 전에 말없이 가게를 비우는 일도 잦아졌다. 동네 장사는 인심이 후해야 한다며 상의 없이 가격을 할인해주기도 했다. 친구로만 지냈을 때는 한 번도 보지 못했던 책임감 없는 모습이었다. 지우 씨는 그런 현우 씨를 다그쳤고 갈수록 둘의 충돌은 빈번해졌다. 그러다 하루는 도저히 함께 일하지 못하겠다며 현우 씨가 가게를 나가버렸다. 그리고 얼마 후 다른 친구를 통해서 현우 씨가 자신에 대한 안 좋은 소문을 퍼뜨리고 다닌다는 소식을 접하게 되었다. 그 뒤로 둘의 관계는 돌이킬 수 없이 악화됐다.

"화가 나기보다는 허무했어요. 물론 제게도 잘못한 점이 있겠죠. 그렇다고 이렇게 나가버리는 건 아니잖아요. 그래도 20년 친군데 내 험담이나 하고 다니고…"

말을 끝까지 잇지 못하는 지우 씨의 얼굴이 어두워지는 저녁만큼이나 쓸쓸해 보였다.

지나친 편안함이 문제다

오래된 사람과 다투게 되는 가장 큰 이유는 서로를 너무 편하게 생각하기 때문이다. 상대가 편할수록 남에게는 보여주지 못하던 정제되지 않은 모습을 하나씩 꺼내 보이게 된다. 친하다는 이유로 말을 함부로 하거나 상대를 잘 안다는 생각으로 쉽게 단정 지으며 신중하지 못한 행동을 한다. 갈등이 생겼을 때는 옳고 그름을 이성적으로 따지는 것이 아니라 '어떻게 네가 나에게 이럴 수 있냐'는 감정적인 대응이 앞서기도 한다. 거칠고 투박하고 이기적인 모습, 그런 모습을 다른 누구도 아닌 오랫동안 신뢰를 쌓아온 편한 상대에게 주로 보여준다는 것은 관계의 역설적인 모습이기도 하다.

정도를 넘은 편안함은 '관계의 마약'과 같다. 사람의 쾌락 지수를 수치로 표현할 때 마약은 가장 높은 단계의 쾌락 수치를 보여준다. 마약이 고통을 잊게 하는 놀라운 쾌락을 주는데도 사회에서 강력히 금지하는 이유는 몸과 마음을 급속히 황폐화하는 중독 증상을 일으키기 때문이다. 제어하지 못하는 쾌락은 독약과 같다. 그런 독성을 잘 알고 있기에 우리는 약에 손을 대지 않고 구하려 하지도 않는다. 하지만 전혀 의외의 행동이 강한 독성의 마약처럼 천천히 마음을 중독시킬 때가 있다. 바로 관계의 편안함이다.

편안함도 마약 같은 강한 중독성을 지니고 있다. 편안할수록 나를 불편하게 하는 모든 제약에 거부감을 느끼며 내 마음대로 하려는 욕구가 강해진다. 그러다 어느 순간, 아슬아슬하게 관계를 유지시켜주던 마지막 예절의 끈마저 풀어버리며 상대에게 깊은 상처를 준다.

만약 지우 씨와 현우 씨가 일반적인 점주와 매니저의 관계였다면 큰 불화는 생기지 않았을 것이다. 자신이 낸 의견을 점주가 받아들이지 않는다고 해서 가게를 뛰쳐나가는 매니저가 얼마나 되겠는가. 반대로 언제 그만둘지 모르는 계약 관계의 매니저에게 매번 의견을 물으며 지나치게 의존하는 점주도 없었을 것이다. 서로가 너무 편한 사이였기에 적당한 선을 넘어 서로에게 무례하고 짐이 되는 행동을 한 것이다.

골동품과 폐기물의 차이

긴 시간, 오래 만난 사람과의 관계는 귀한 골동품이 될 수도 있고 버려야 할 폐기물이 될 수도 있다. 오래된 물건이 골동품과 폐기물로 나뉘는 기준은 내가 그 물건을 '어떻게 다루어왔는지'로 결정된다. 물려주고 싶은 의미 있는 골동품을 함부로 대하는 사람은 없다. 혹시 잘못될까 봐, 상처 입을까 봐 걱정하며 안전한 곳에 두고 조심해서 다루게 된다. 행여 손상된 곳이 생기면 큰돈을 주고서라도 고치고 어루만지며 늦지 않게 상처를 복원하려고 애쓴다. 하지만 곧 버리고 말 폐기물은 그렇게 다루지 않는다. 쓰고 버리면 그만이라는 생각에 오래될수록 함부로 만지고 거칠게 다룬다.

골동품을 다루는 일은 불편한 일이다. 그런데 이때의 불편함은 쓸모없는 것을 다루고 있을 때의 거추장스러움이 아니라, 조심히 상대를 다뤄야 하는 진지함에서 오는 불편함이다. 이때 마음은 소중한 것을 다루고 있다는 자부심과 만족감으로 가득 채워지게 된다.

오래된 관계를 유지하기 위해서도 이런 불편함이 필요하다. 편안해서 함부로 상대를 대하며 상처를 주는 것보다 불편함을 무릅쓰고 상대를 골동품처럼 소중히 대할 때 좋은 관계를 유지할 수 있다.

오래 만난 사이일수록 편한 것은 좋은 것이고 불편한 것은 나쁜 것이라는 편견을 버려야 한다. 소중하고 귀할수록, 중요하고 가치 있는 사람일수록 함부로 상대를 대하지 않아야 한다. 이때의 불편함은 나를 힘들게 하는 고통이 아니라 실수를 줄여주는 안전장치가 되어준다.

지우 씨의 이야기를 들으며 '만약 지우 씨가 현우 씨의 제안을 단번에 거절하지 않고 정중한 설득의 과정이 있었더라면 어땠을까?'라는 아쉬움이 들었다. 마찬가지로 현우 씨도 자신의 의견을 말하기 전에 지우 씨의 생각과 의견을 먼저 경청하고 헤아리는 불편한 과정이 있었다면 관계는 틀어지지 않았을 것이다. 그랬다면 이 둘은 어려운 역경을 함께 극복해낸 세상에 둘도 없는 골동품의 관계가 되지 않았을까.

잘 생각해보면 우리의 탄성을 자아내는 대단한 창작물들은 모두 창작자 자신을 불편하게 하는 인고의 노력과 자기 절제의 과정을 통해 만들어진다. 그 과정은 단 한 순간도 창작자를 편안하게 놔두지 않는다. 몸도 마찬가지다. 허리를 바로 세우고 목을 구부리지 않고 다리를 꼬지 않는 불편한 자세들은 건강한 몸을 유지하는 데 필요한 기본적인 체위들이다. 하지만 편하다고 느껴지는 허리를 구부리고 다리를 꼬는 자세들은 척추를 휘게 하고 몸의 균형을 무너뜨려 병을 불러온다.

소중한 관계일수록 불편함 속에 만족감을 느끼는 골동품을 대하는 마음이 필요하다. 내가 조심하고 인내할수록 상대는 사신이 변함없이 존중받고 있다는 느낌을 받게 될 것이다. 편안함은 혼자 있을 때 마음껏 누리고 오래된 관계에서는 내 마음껏 해도 괜찮을 것 같은 마음 을 누르는 '예의 바른 친숙함'을 보여줘야 한다. 그랬을 때 오래돼서 버리게 되는 폐기물 같은 관계가 아니라 오래될수록 빛나는 골동품 같은 관계가 유지될 수 있다.

관계에도
체질이 있다

연애 욕심

연애 욕심은 끝이 없다. 특히 애정이 깊어질수록 자연스럽게 생기는 상대에 대한 욕심은 사랑의 가장 중요한 욕망이기도 하다. 저 사람이 나를 위해 해줬으면 하는 것들이, 나에게 맞춰줬으면 하는 일들이 수십, 수백 가지 일상의 모든 영역에 걸쳐 끝도 없이 만들어진다.

일상의 관계에서는 말도 안 되는 욕심들이 연애에서는 '관심'이라 불리며 서로의 사랑을 확인하는 중요한 척도가 된다. 사랑을 증명하기 위해서 우리는 수많은 배려와 희생을 감내하는 노력을 해야 한다. 노력하지 않으면 사랑은 증명되지 않는다. 사랑하면 누구나 지독한 욕심쟁이가 된다.

우리가 품고 있는 욕심에는 크게 좋은 욕심과 나쁜 욕심, 두 가지 종류가 있다. 좋은 욕심은 상대의 장점을 배워가며 나 또한 그처럼 더 나은 사람이 되고 싶은 성장의 욕심을 말한다. 동시에 상대 역시 나를 통해 좀 더 나은 모습으로 성상하길 바라는 마음이다. 이런 욕심은 관계를 즐겁게 만들어준다. 그가 나와 함께해준 덕분에 이전에는 시도하지 못했던 용기를 내며 지금까지 경험해보지 못한 긍정의 에너지를 뿜어내게 한다.

나쁜 욕심은 나에게 부족한 것을 상대에게 가져와 채우려고 하는 마음이다. 경제적 곤란을 해결하기 위해 상대를 맡겨놓은 지갑처럼 사용하거나 상대방의 꿈과 희망을 내 멋대로 조정하거나, 상대의 권력이나 유명세를 이용해 나를 돋보이게 하려는 경우가 여기에 해당한다. 상대가 하기 싫어하는 것을 집요하게 요구해 결국 내가 원하는 대로 상대를 조종하기도 한다.

욕심을 표현하는 태도가 중요하다

건강한 관계를 맺기 위해서는 좋은 욕심을 가까이하고 나쁜 욕심을 멀리해야 한다. 그런데 욕심은 내가 마음대로 조절할 수 있는 쉬운 감정이 아니다. 그래서 자신의 욕심을 완벽히 통제하기보다 어쩔 수 없이 올라오는 욕심을 어떻게 잘 표현하느냐가 중요한 쟁점이 될 때가 많다. 때로는 좋은 욕심을 빈정거리는 태도로 표현하는 것보다 나쁜 욕심을 최대한 진정성 있게 표현했을 때 관계에 더 좋은 영향을 미치기도 한다.

예를 들면 내 결핍을 채우고 싶은 욕심이 올라올 때, 상대에게 빼앗아내듯, 혹은 당연히 나에게 해줘야 한다는 듯한 태도를 보인다면 그런 모습은 관계를 망치는 폭력이 될 수도 있다.

하지만 나에게 있는 결핍감이 무엇인지 잘 설명해주고, 그 결핍을 채우는 것이 얼마나 중요한 일인지 상대가 공감할 수 있도록 애쓰는 모습을 보여준다면 상대 역시 나를 도와주려 할 것이다.

서로의 욕심을 표현하는 방식은 관계의 태도를 결정짓는다. 관계가 깊어질수록 외모나 성격에 대한 취향보다 상대를 대하는 태도가 더 큰 영향을 미치게 된다. 관계는 표현이다. 표현하는 방식이 서로 맞지 않으면 아귀가 맞지 않는 퍼즐처럼 불편한 연애를 할 수밖에 없다. 그래서 연애는 어렵다. 관계의 태도는 상대의 다양한 면을 직접 겪어보지 않으면 알 수 없기 때문이다.

그렇다고 방법이 없는 것은 아니다. 연애를 잘하기 위해서 우리는 상대가 어떤 식으로 자신의 마음을 드러내고 있는지, 내가 어떤 방식으로 마음을 드러내는 걸 좋아하는지 몇 가지 틀을 두고 적용할 수 있기 때문이다.

관계에도 체질이 있다

나는 관계의 태도를 체질에 비유하곤 한다. '체질' 하면 먼저 떠오르는, 음식에 비유해 설명해보자. 건강해지기 위해서는 체질에 맞는 음식을 먹어야 한다. 속이 냉한 체질인 사람이 찬 성질의 음식을 먹으면 아무리 맛있게 조리된 음식이어도 탈이 난다. 체질에 맞지 않는 음식이라고 해서 입맛에도 맞지 않는 게 아니다. 맛있게 먹는 음식 중에는 체질에 맞지 않는 음식도 많다. 가끔 먹으면 몸에 무리가 생기지도 않는다. 하지만 두고두고 오래 먹으면 꼭 문제가 생긴다.

관계에서도 마찬가지다. 상대가 아무리 매력적인 이상형일지라도 관계 체질에 맞는 상대가 아니라면 오래 만날수록 불편해지고 심한 다툼이 잦아진다.

관계 체질은 본능 체질, 이성 체질, 감성 체질, 현실 체질의 네 가지로 구분된다. 이 기준은 고대 그리스 철학자 엠페도클레스Empedocles의 '4원소설四元素說'을 기반해 만들어낸 가장 원초적인 마음 분류법이다. 엠페도클레스는 세상의 본질을 불, 공기, 물, 흙이라고 생각했다. 이 이론을 사람의 마음에 대입하면 불은 본능적 열정을, 공기는 이성을, 물은 감성을, 흙은 현실성을 상징한다. 이 네 가지 체질은 좀 더 구체적으로 개인적 성향과 관계 성향, 사회적 성향으로 구분해 설명할 수 있다.

네 가지 관계 체질

체질 〳 영역	개인	관계	사회
본능	자기표현	자기 과시	이상 추구
이성	지적 만족	합리적 균형	원칙과 독립
감성	정서적 만족	공감과 배려	자비와 용서
현실	소유와 안정	성장과 이익	권력 추구

'본능 체질'은 개인 영역에서 자기표현의 욕망을 충족시키고자 한다. 하고 싶고, 먹고 싶고, 즐기고 싶은 것을 과감하게 표현하는 '내'가 되길 원한다. 관계를 맺을 때는 상대가 나를 인정해주길 원하는 인정욕구가 충족되길, 사회에서는 원대한 꿈을 향해 돌진하는 개척자나 선구자가 되길 원한다.

'이성 체질'은 개인 영역에서 지적인 만족을 추구하며 관계를 맺을 때는 한쪽으로 치우치지 않은 균형을 원한다. 사회에서는 원칙을 지키며 구습에 휘둘리지 않는, 합리성을 추구하는 독립된 개체로 존재하고 싶어 한다.

'감성 체질'은 개인 영역에서 정서적 만족을 중요하게 생각하고 관계에서는 공감과 배려를 통한 유대를 원한다. 사회에서는 지비롭고 따뜻한 사람으로 비춰지길 원한다.

'현실 체질'은 개인 영역에서 소유를 통해 안정된 삶을 누릴 때 자신에 대한 만족을 느낀다. 관계를 맺을 때는 자신이 성장할 수 있는 자기 계발적인 관계를 원하며 그런 바람을 충족하기 위해 사회에서는 권력자나 전문가가 되기를 원한다.

똑같은 공손함과 조심스러움으로 상대에게 다가가도

누군가와는 대화로 해결점을 찾게 되고

누군가와는 길거리 싸움을 하게 된다.

상대방이 어떤 반응을 보일지는 직접 겪어야만 알 수 있다.

그 '경험'이 낯선 관계에 적응하는

시간과 마음의 상처를 줄일 수 있는 최선의 방법이다.

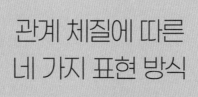

관계 체질에 따른
네 가지 표현 방식

본능을 충족시켜야 만족하는 본능 체질

본능 체질은 자신의 본능을 충족시켜야 만족하는 관계형이다. 여기서 말하는 본능은 성욕과 지배욕, 폭력성 같은 원초적인 욕구를 의미한다. 상대를 지배하고 싶고 거칠게 다루고 싶으며 '나의 것'이라고 표현하고 싶어 한다. 본능 체질의 사람에게 현실적 조건이나 이성적 판단은 큰 울림을 주지 못한다. 이들은 특히 사랑하면 분비되는 호르몬인 도파민의 유효기간이 2년 남짓밖에 되지 않는다는 '사랑 호르몬 2년 유지설'을 신봉한다. 이를 근거로 연애 중에 다른 사람에게 애정을 느끼거나 외도를 하는 것에 대해 당연하다고 생각하기도 한다.

스페인 화가 파블로 피카소Pablo Picasso는 전형적인 본능 체질의 사람이다. 공식적으로 만났다고 알려진 여성만 일곱 명이었던 그는 예술적 영감의 원천으로 연애를 활용했다. 연애를 통해 육체의 즐거움과 예술적 열정을 얻었으며 이 에너지는 고스란히 그림에 투영돼 연애 상대가 바뀔 때마다 그림 스타일도 바뀌어갔다. 헤어질 때는 '이제 더는 당신을 통해 예술적 영감을 떠올릴 수 없다'며 상대를 떠났다. 예술적 본능을 위한 연애의 열정, 그것만이 그에게는 사랑이었다.

본능 체질은 관계에 구속되기 싫어하고, 새로운 사람과 만나 또다른 사랑을 해보고 싶은 욕망을 당연한 욕구로 생각한다. 본능 체질의 관계 주어는 '우리'가 아니라 '나'다. '내가 행복하고 내가 빛나고 내가 추구하는' 이상을 향해 나아갈 수 있어야 좋은 관계라고 생각한다.

그렇다고 이기적인 면만 있는 것은 아니다. 적토마처럼 돌진하길 좋아하는 이들의 성향은 두렵고 무서운 상황 속에서도 난관을 돌파하는 추진력을 보여주며 함께하는 순간만큼은 즐겁고 유쾌한, 불꽃 같은 사랑을 경험하게 해준다. 철학과 종교의 영역에서 강한 신념을 보여주는 것도 이들의 모습 중 하나다. 그래서 이들과 연인이 되면 잠들어 있던 열정과 신념이 덩달아 일깨워지는 상승 효과를 누리기도 한다.

본능 체질의 사람은 자신의 욕망에 공감해주고 옆에서 응원해줄 수 있는 감성 체질의 사람과 좋은 관계를 유지해나간다. 하지만 현실적인 안정을 중요하게 생각하는 현실 체질의 사람이나 시비를 가려야 하는 이성 체질과의 관계에서는 어려움을 겪을 수 있다.

지적 호기심을 채워야 하는 이성 체질

이성 체질은 상대와 나를 별개의 존재로 생각하며 관계를 맺는다. 이들 역시 관계의 주어는 '우리'가 아닌 '나'다. '나'는 독립된 존재이기에 누구에게도 구속받지 않을 자유를 추구할 권리가 있다고 생각한다. 이들의 자유로운 기질은 연애 중에도 연인이 아닌 다른 이성에게 다양한 호기심과 관심을 두게 한다.

프랑스 실존주의 철학자 장 폴 사르트르Jean-Paul Sartre와 철학자 시몬 드 보부아르Simone de Beauvoir의 관계는 이성 체질 간의 연애를 잘 보여준다. 이들은 1929년부터 사르트르가 임종한 1980년까지 무려 50년 동안 결혼 생활을 유지하며 원만한 관계를 이어갔다. 이들의 관계가 특이한 이유는 실제 결혼이 아닌 계약 결혼을 했기 때문이다. 당시 프랑스 사회에도 큰 파문을 일으켰던 계약 결혼의 내용은 다음과 같다.

1. 다른 사람과의 사랑에 동의한다.

2. 상대에게 거짓말을 하지 않는다.

3. 경제적으로 독립한다.

계약의 핵심은 서로의 자유를 인정하며 구속해서는 안 된다는 것이었다. 여성 편력이 심했던 사르트르는 많은 여성을 만나고 다녔지만, 보부아르는 계약서 내용대로 크게 상관하지 않았고 그녀 역시 사르트르가 아닌 자기 제자와 몇 번의 깊은 사랑을 나눴다. 물론 이 과정에서 본능적인 질투는 있었겠지만, 관계를 흔들 정도는 아니었다. 이들은 동거하지도 않았고 아이를 키우지도 않았다. 대신 매일 만나 대화하고 토론하며 깊이 있는 지적 교류를 이어갔다. 그들은 서로에게 사회적, 문화적 토론의 상대로 최적화돼 있었다.

이성 체질의 사람에게 가장 중요한 관계의 지향점은 상대가 나와 같은 철학과 신념을 공유하고 있느냐다. 뚜렷이 구분되는 정치적 색채처럼 내 편인지 아닌지를 통해 관계의 경중을 결정짓는다. 그래서 이성 체질의 사람에게 연인은 동료이자 동지로 여겨질 때가 많다.

연인 관계를 동등한 인격체의 합리적인 교류로 생각하기에, '여자라서' 혹은 '남자라서' 자신을 불합리하게 대하는 상대에게 크게 분노하는 것도 이성 체질의 특징이다. 특히 개인적인 영역을 중요하게 생각해서 연인이라는 이유로 휴대전화나 메일을 보려고 하는 행동을 혐오스러워한다.

정서적 유대를 원하는 감성 체질

감성 체질은 서로를 보이지 않는 끈으로 연결된 존재라고 생각한다. 눈물의 가치를 소중하게 생각하고 상식에 맞지 않은 일도 사랑하는 마음으로 감싸줄 수 있는 연민을 소중하게 생각한다. 네 가지 체질 중 유일하게 '나'가 아닌 '우리'를 관계 주어로 쓴다. 감성 체질의 연애는 정서적 교류가 가능한 공감과 소통이 가장 중요한 가치가 된다. 정서적 교류는 사소한 것에서부터 시작된다. '어디서 밥을 먹고 어디를 가고 있는지'를 묻는 일상의 대화에서도 관심받고 있다는 안정감을 느끼며 결실이 없어도 열심히 노력했다면, 과정에 감동하며 응원을 아끼지 않는다.

〈귀천〉을 쓴 천상병 시인의 부인 문순옥 여사의 모습은 감성 체질의 연애를 대변해준다. 천상병 시인은 1967년 날조된 간첩단

사건인 동백림사건에 연루돼 중앙정보부에 끌려가 온갖 고문을 당한다. 시인은 이때의 고문으로 완치불가한 후유증을 얻고 고통을 잊기 위한 과도한 음주로 정신병원에 입원하게 된다. 이런 절망의 시기에 지인의 동생이었던 문순옥 여사는 폐인이 돼가는 시인을 보살펴주며 그를 위한 삶을 살기로 결심한다. 내가 없으면 그가 제대로 살아갈 수 없을 거란 생각에 아이를 돌보는 엄마의 마음으로 평생 시인의 곁에 남는다. 여사는 시인이 간경화로 세상을 떠날 때까지 생활비를 벌고 간호하며 그가 시를 쓸 수 있도록 응원해주는 든든한 의지처가 돼준다.

감성 체질에게는 뜨거운 열정 대신 잔잔한 정서적 안정이 관계를 유지하는 중요한 요소다. 흔히 말하는 '정이 든다'는 말은 감성 체질에 가장 잘 어울리는 관계 키워드다. 숨 막히게 설레는 감정은 없을지라도 서로에게 없어서는 안 되는 손때 묻은 익숙한 관계가 되길 원하며 발효된 음식처럼 오래 두고 잘 묵혀진 관계를 이상향으로 삼는다.

천상병 시인을 향한 문순옥 여사의 사랑은 얼핏 보면 과도한 희생의 불행한 모습으로 보일 수 있다. 하지만 그건 감성 체질의 생리를 이해하지 못하는 현실 체질과 이성 체질의 관점일 뿐이다. 그녀는 자신이 존경하며 돌볼 수 있는 대상을 만나 타고난 공감 에너지를 마음껏 쓰며 행복한 연애를 했을 것이다. 감성 체질의 희생과 배려는 특히 이성 체질의 사람에게는 남에게 잘 보이기 위해 자신을 돌보지 않는 과잉 공감으로 비칠 수도 있다. 그래서 감성 체질과 이성 체질의 만남은 서로 반대 방향을 향해 질주하는 기관차처럼 정서적 합일점을 찾지 못한 채 몸만 함께하는 불안한 관계가 되기 쉽다.

실리를 추구하는 현실 체질

현실 체질의 사람에게는 상대와의 관계가 나에게 어떤 이익이 있는지가 중요한 가치가 된다. 연애에서 중요한 건 연애를 통해 물질적으로 얼마나 풍족하고 안정적인 생활을 할 수 있느냐다. 가슴이 뛰지 않아도, 공감받지 못해도 철학이 달라도 괜찮다. 좋은 집, 안정적인 수입, 풍족하고 여유로운 삶이 보장된다면 저절로 가슴이 뛰고 현실에 맞는 철학이 생긴다. 경제적 필요만 충족된다면 마음이 좀 불편해도 제법 괜찮은 관계라고 생각하며 오래도록 그 관계를 이어갈 수 있다. 이들에게 연애는 투자다. 그래서 상대의 성장성이나 경제력이 흔들리는 순간 투자 심리가 위축되듯 관계도 흔들릴 수 있다.

디자이너 위베르 드 지방시Hubert De Givenchy와 영화 〈로마의 휴일Roman Holiday〉로 유명한 오드리 헵번Audrey Hepburn 의 관계에서 현실 체질의 연애 특징을 살펴볼 수 있다. 지방시는 모델이 아닌 일반 여성들이 날마다 입을 수 있는 실용적이면서 현실적인 옷을 만들기 위해 평생을 바친 디자이너다. 그는 평소에도 옷의 완벽함이란 마네킹이 아닌 고객이 입었을 때 나타난다고 말하며 현실적인 아름다움을 추구했다. 현실주의자였던 지방시는 의상실에서 스물네 살의 헵번을 처음 만난 뒤 그녀가 죽기 전까지 40년 동안 애정과 우정이 결합한 특별한 소울메이트 관계를 유지하며 교류를 이어갔다. 지방시는 헵번과 함께 있으면 창의적인 아이디어가 떠오른다고 말하며 그녀에게서 많은 영감을 받았고 실제 수많은 유행 아이템을 만들어냈다. 여덟 편의 영화를 함께하고 개인 옷을 전담으로 디자인하며 힘든 일이 있을 때마다 서로에게 의지했다.

하지만 이들 사이에는 언제나 적당한 거리가 있었다. 헵번이 두 번의 결혼에 실패하고 두 명의 아이를 혼자 키우고 있을 때도 독신이었던 지방시는 그녀의 든든한 지원자였을 뿐, 그 이상의 무언가가 되려 하지 않았다. 지방시가 헵번과의 현실적인 거리를 좁히지 않은 이유는 연애에 대한 개인적인 신념도 있었겠지만, '디자이너

와 뮤즈'라는 관계가 깨지는 순간 맞이하게 될 현실적인 문제들 때문이었다. 아마 지방시는 배우가 아닌 아내로서의 헵번을 원하지 않았을 것이다.

현실 체질의 연애가 추구하는 실리성은 때론 너무 계산적이라는 비판을 불러오기도 한다. 하지만 상대에 대한 정확한 계산은 그가 무엇을 해야 성장할 수 있고 발전할 수 있는지를 알아봐주는 눈썰미 좋은 스승의 역할을 해주기도 한다. 그리고 물질의 소중함과 자본의 힘에 대해 배울 수 있는 경영 감각을 일깨워준다.

체질에 따라 태도가 결정된다

체질은 상대를 대하는 태도를 어느 정도 짐작할 수 있게 해준다. 어떻게 소통하고 무엇을 중요하게 생각하며 어떤 위로받을 수 있을지 상대가 선호하는 체질 혹은 타고난 체질을 보면 이해할 수 있게 된다. 서로 다른 체질의 관계는 소통 불가의 상태를 만들 때가 많다. 때로는 전혀 다른 차원의 이야기를 나눈다는 생각이 들기도 한다. 예를 들어 현실 체질과 감성 체질의 대화를 들어보자.

a: "오늘, 별일 없었어?"

b: "나 오늘 엄청 힘들었어."

a: "왜? 무슨 일 있었어?"

b: "오늘 일이 좀 많았거든. 온종일 신경 썼더니 머리가 아프네."

a: "그래, 힘들었겠다. 약은 먹었어?"

b: "아니, 약 먹을 정도는 아니야"

a: "그래도 두통약 먹어."

b: "알았어."

a: "…."

b: "더 해줄 말 없어?"

a: "어!…? 두통 말고 오늘 별일 없었어?"

대화를 보면 a는 실제 무슨 일이 일어났는지에 초점을 맞춘 현실 체질의 사람이고 b는 힘들다는 자신의 마음을 전하고 싶은 감성 체질의 사람이다. 현실 체질은 머리가 아프다는 문제에 대한 해결을 말하고 있고 감성 체질은 머리가 아팠던 상황에 대한 위로를 받고 싶어 한다. 대화가 이어질수록 이들의 대화는 접점 없는 평행선을 그릴 것이다.

현실 체질에게는 감성 체질에게 가장 쉬운 공감이 어렵고, 감성 체질에게는 현실 체질이 중요하게 생각하는 실질적인 대안을 찾는 일이 부차적인 일처럼 여겨질 수 있다. 이런 소통의 문제는 쉽게 고쳐지는 부분이 아니다. 단순히 말을 잘하고 못하는 기술의 문제가 아니라, 세상을 보고 이해하는 세계관의 문제와 직결되기 때문이다. 그러니 현실 체질의 상대에게 나를 위해 좀 더 공감해달라고 요구하거나 감성 체질의 상대에게 좀 더 현실적인 대안을 말해달라고 요구하는 것은 좋은 소통 방식이 아니다. 마찬가지로 나를 상대에게 맞추려고 필요 이상의 노력을 기울일 필요도 없다. 서로에게 들어주기 어려운 부탁은 되도록 하지 말고 나와 다른 상대의 체질을 통해 생각하지 못했던 독특한 관점을 경험한다는 여유를 가져야 한다. 그래야 체질이 달라도 서로를 탓하지 않고 좋은 관계를 이어갈 수 있다.

본능 체질인 c와 이성 체질인 d와의 대화에서도 서로 전혀 다른 부분을 지적하며 다투게 되는 모습을 볼 수 있다.

c: "이번에 우리 여행 가서 뭐 할까?"

d: "일단 내가 동선을 짜볼게. 숙소랑 들러야 할 맛집, 봐야 할 명소, 사야 할 물품까지 표로 정리해서 보낼게."

c: "음…. 내 생각엔 그렇게 여행하는 것도 좋지만, 이번엔 일단

숙소만 정하고 나머지 일정은 그때 가서 정하는 게 어떨까? 그게 더 재밌지 않겠어?"

d: "아니야, 그러다 아무것도 못 하고 시간만 낭비하다 올 수도 있어. 동선을 이중 삼중으로 촘촘히 짜도 가보면 변수가 생겨서 당황할 때가 많은데 어떻게 무작정 가자는 말을 해?"

c: "그렇게 실수하는 것도 여행의 재미지. 매일매일 정해진 틀 속에서 사는 것도 지겨운데 여행이라도 좀 자유롭게 하면 안 될까?"

d: "아니, 그게 무슨 여행이야? 그냥 가서 고생하자는 거지. 정 그렇다면 내가 최대한 느슨하게, 더 다양하게 계획을 짜볼게."

c: "아, 몰라. 여행가는 게 즐거워야 하는데 마음이 답답해져…"

이성 체질인 d는 잘 짜인 계획을 좋아한다. 여행을 갈 때도 촘촘한 계획대로 움직여야 한다고 생각한다. 하지만 본능 체질인 c는 그때그때 기분에 맞게 움직이는 것을 좋아한다. 산으로 가기로 해놓고 가는 길에 멀리 바다가 보여 마음이 동하면 당장 바다로 갈 수 있는 게 본능 체질의 성향이다. 이성 체질이 보기에 본능 체질은 즉흥적이고 가벼워 보일 수 있고 본능 체질에게 이성 체질은 융

통성 없고 차가워 보일 수 있다. 이럴 때 이성 체질인 d가 c의 기분이 풀릴 때까지만이라도 '계획'을 강요하지 않았더라면 갈등은 일어나지 않았을 것이다. 본능 체질인 c 역시 기분을 누르고 조금이라도 계획적인 여행에 공감해줬더라면 말다툼은 일어나지 않았을 것이다.

하지만 그런 공감이 말처럼 쉬운 일이 아니다. 한두 번 만나고 말 사이라면 상대의 의견을 받아들일 수 있지만 매일같이 만나는 사이라면 상대에게 누적된 양보의 스트레스는 생각보다 깊은 갈등의 씨앗이 된다. 그래서 맞지 않는 체질 간의 만남은 많은 인내와 노력을 통해서만 원만한 관계를 이어갈 수 있다.

관계 체질이 존재한다는 말이 우리가 오직 하나의 체질 성향만을 보인다는 뜻은 아니다. 마음은 네 가지 체질의 결합으로 이루어진다. 그 체질들이 어떤 비율로 이루어졌는지에 따라 겉으로 드러나는 체질 성향이 결정된다. 평소에 나와 상대의 체질 비율을 알고 있다면 상대의 행동 패턴에 대한 이해가 수월할 수 있다.

체질 간의 관계

체질	본능	이성	감성	현실
본능	◎	×	○	△
이성	×	◎	△	○
감성	○	△	◎	×
현실	△	○	×	◎

◎ 매우 좋음 / ○ 좋음 / △ 보통 / × 나쁨

    몸 체질이 다른 사람끼리도 각자가 좋아하는 음식을 먹으며 즐거운 만찬을 즐길 수 있듯 서로 다른 관계의 체질끼리도 행복한 동행을 할 수 있다. 그러기 위해서는 서로가 어떤 표현 방식을 가지고 있고 그 방식을 통해 어떤 태도로 관계를 맺고 있는지 이해하는 과정이 필요하다. 서로 부딪히는 사소한 일 하나도 단순한 관심의 문제가 아닌 극복하기 힘든 표현의 영역으로 생각해야 한다. 감성적이지 못했던 그가 나를 위해 공감해주려 애쓰는 모습은 연인이면 당연히 해야 할 의무로서의 배려가 아니라 자신이 타고난 본성의 수레바퀴를 뛰어넘는 숭고한 노력이다.

    하지만 그 어려운 일을 쉽게 생각하며 상대에게 자꾸 변화를 강요하게 될 때 관계는 조금씩 불편해지며 언젠가는 문제를 일으키게 된다. 있는 그대로 상대를 이해하고 공감해주는 것이 가장 행복한 관계를 맺을 수 있는 평범한 진리라는 점을 잊어서는 안 된다. 상대에게서 해답을 찾으려 하지 말고 내 체질 안에서 상대를 포용할 수 있는 해결점을 찾아야 한다. 그래야 나도 상대에게 당당히 있는 그대로의 욕심과 태도를 사랑해달라고 말을 할 수 있을 테니까.

4장

관계는 자주
그 모습을
바꾼다

운명

역할인연

프리스타일의 〈y〉

그룹 '프리스타일'은 1999년에 데뷔한 감성 힙합 듀오다. 데뷔 후 크게 이름을 알리지 못한 이들은 2003년 발표한 3집 앨범에서 기대하지 않았던 노래 〈y〉가 큰 인기를 얻으며 싸이월드 BGM의 절대강자로 군림하게 된다.

〈y〉는 깨끗하고 맑은 음색을 지닌 객원 여성 보컬 정희경의 피처링으로 시작된다. 사실 이 노래를 가장 빛내는 부분도 남성 듀오의 읊조리는 듯한 선율에 가미된 신선한 음색의 여성 보컬 부분이다. 누구도 흉내 내기 힘든 아름다운 음색과 노래의 잔잔한 선율은 대체 불가한 조화를 이뤄낸다.

그런데 이렇게 멋진 노래를 부른 보컬 정희경은 노래 녹음을 끝낸 후 다시는 이 노래를 부르지 않겠다고 선언하며 홀연히 사라져 버린다. 그래서 프리스타일이 〈y〉를 부를 때는 다른 보컬 가수와 무대에 올라야 했다. 프리스타일은 그녀를 찾아 무대에 서게 하고 싶었지만 끝내 연락이 닿지 않았다고 한다. 그렇게 잊힌 그녀가 음원 발매 후 16년 만에 TV 프로그램에 등장해 처음이자 마지막으로 프리스타일과 함께 노래를 불렀다. 방송에서 그녀는 그동안 자신이 〈y〉를 부르지 않았던 이유에 대해 이렇게 설명했다.

"저는 처음부터 이 노래를 좋아하지 않았어요. 제 취향이 아니었거든요. 제가 원하지 않는 느낌의 노래로 이름을 알리기는 싫었어요. 그래서 도망 다녔죠…."

누가 들어도 아름다운 노래를 본인은 자신에게 어울리지 않는 최악의 노래라고 생각하며 16년 동안 외면했다는 것이다. 그녀는 그 뒤로도 계속 음악가의 길을 걸었지만, 눈에 띄는 성적을 내지 못했고 여전히 〈y〉의 정희경으로만 알려져 있다. 〈y〉 이후에도 열심히 활동했던 프리스타일 역시 〈y〉를 넘어서는 곡을 만들지 못했다. 정희경과 프리스타일, 이들을 가장 유명하게 만든 곡은 객원 가수는 도망가고 그룹은 전혀 잘될 거라 예상하지 못하던 의외의 곡이었다.

인연의 의미

함께 음반을 낼 정도로 긴밀한 관계였지만 16년 동안 한 번도 함께 노래 부르지 못한 프리스타일과 정희경은 어떤 관계였다고 할 수 있을까. 여기에 대한 답을 알려면 논리적인 사고의 범위를 벗어나 '인연'이라는 운명의 영역을 들여다봐야 한다.

우리가 흔히 하는 말 중에 '옷깃만 스쳐도 인연'이라는 말이 있다. 어린 시절 옷깃을 재킷의 소매 깃 정도로 생각할 때는 이 말을 들으며 내심 의아했다.

'인연이 그렇게 쉽게 맺어지는 거라고?'

그렇다면 굳이 왜 인연이라는 말을 따로 만들어 의지를 벗어난 미지의 만남을 상상하게 했을까?

하지만 그런 의문은 오래가지 않아 풀릴 수 있었다. 고대 복식사에서 의미하는 옷깃은 소매 깃이 아니라 목을 감싸는 목선의 깃이었다. 옷깃을 스치려면 서로 꼭 끌어안고 목을 비벼야 한다. 그런 자세는 아무리 친한 친구 사이라도 함부로 취할 수 있는 동작이 아니다. 역시 인연은 그렇게 쉽게 맺어지는 관계가 아니었다.

주위를 둘러보면 적당히 거리를 유지하며 서로의 이익을 챙기고 필요할 때만 서로를 활용하기 위해 혈안이 되는 계산적 만남이 만연하다. 이런 시기에 인연이라는 관계마저 흔하게 만날 수 있는 관계로 치부되는 건 뭔가 안타까운 마음이 들던 참이었다. 그래서 다행이라는 생각이 들었다. 적어도 인연만큼은 그런 계산적인 만남을 넘어선 좀 더 특별한 관계가 될 수도 있을 테니까.

역할을 다하면 사라지는 인연

인연 중에서도 특히 해석하기 어려운 만남이 있다. 바람처럼 왔다가 사라지는 '역할인연'이다. 역할인연은 자신이 상대에게 꼭 해야 할 역할이 있어서 만나게 되는 관계를 말한다. 그러면서도 정희경이 프리스타일과 맺었던 관계처럼 자신이 맡은 역할이 끝나면 사라져버린다. 마치 연극에서 배우가 배역을 마치고 나면 무대 밖으로 나가는 것처럼, 자신이 해야 할 일을 끝내고 연기처럼 사라지는 것이다.

다양한 관계 속에 살다 보면 내가 상대를 좋아해야 할 이유가 전혀 없는데도 마치 누가 등을 떠밀기라도 한 것처럼 가까워지는 경우가 있다. 심지어 그 사람을 만나기 위해, 하기 싫고 원하지 않는 일인데도 무언가에 홀린 듯 떠밀려 그 일을 하기도 한다. 왜 그 사람을 만나고 있는지, 왜 그 일을 하고 있는지 명확한 이유는 없다. 그냥 그래야 할 것 같다는 막연한 끌림과 상황만 있을 뿐이다.

정희경은 객원 보컬이라는 역할을 위해 프리스타일을 만났고 노래가 끝나자 다시 자신의 길을 갔다. 프리스타일은 정희경에게 노래를 부르게 하는 역할을 맡겼고 그 역할이 끝난 후 그들만의 길을 갔다. 일반적이라면 노래가 마음에 들지 않더라도 자신의 노래를 따라 부르며 열광하는 팬들을 위해서라도 마음을 바꿔 다시 무대에 설 수도 있었을 것이다. 하지만 정희경도 프리스타일도 그런 선택을 하지 않았다. 특별한 갈등이나 금전 문제가 아니라 다만 하기 싫다는 이유로 그런 의외의 선택을 했다. 이런 상황을 만드는 힘이 바로 역할인연의 끌림이다.

그런데 만약 정희경이 역할인연을 벗어나 프리스타일을 떠나지 않고 함께 무대에 섰다면 어땠을까? 그녀의 인생은 더 행복했을까? 그렇지 않았을 것이다. 아마 그녀는 자신의 정체성에 의문을 품으며 자신이 원하지 않는 노래로 점점 더 세상에 알려지는 현실에 괴로워했을 것이다. 반대로 프리스타일은 자신의 스타일만을 주장하는 그녀와 충돌하며 서로 상처를 주고 헤어져 다시는 안 보는 사이가 됐을지도 모른다. 누구도 정답은 알 수 없지만, 그때 그렇게 각자의 길을 간 것이 모두에게 좋은 가장 최선의 길이었을 것이다.

역할인연은 해야 할 역할이 끝나면 더는 서로에게 끌림이 남지 않는다. 행여 함께했던 여운이 있고 그리움이 남아도 붙잡으려는 적극적인 행동으로 이어지지 않고 자연스럽게 서로 멀어진다. 그래서 이런 오묘한 끌림을 '신의 계획'으로 해석하며 '신연神緣'이란 말로 부르기도 한다. 혹시 누군가가 나의 역할인연으로 느껴진다면 상대를 신이 내게 보낸 사람이라고 해석하는 것이다.

'인연'으로 인생의 행로를 바꾸다

누구에게나 이런 신연의 관계가 존재한다. 물론 나에게도 신연의 존재가 있었다. 내가 그녀를 만난 건 대학교 3학년, 과 사무실에서 아르바이트를 할 때였다. 한 학년 후배였던 그녀는 과 사무실에 불쑥 찾아와 말을 건넸다.

"선배, 함께 고전 스터디해보지 않을래요? 먼저 《논어》와 《맹자》를 공부해보려고 해요. 지금 선후배들을 모아서 모임을 만들려고 하는데 꼭 선배와 함께했으면 좋겠어요."

처음 보는 후배가 나에 대해 뭘 안다고 갑자기 찾아와 이런 부탁을 하는 건지 당황스러웠다. 그것도 한 번도 접해본 적 없는《논어》라니….

"그런데 후배님, 저를 아세요?"

"아니요, 저는 잘 모르는데, 언니들에게 물어보니까 함께 공부할 만한 사람으로 선배를 추천해주더라고요. 그래서 무작정 찾아왔어요."

당돌한 기세에 놀라, 일단 알았다고 말하고 후배를 돌려보냈다. 그런데 이상했다. 처음엔 함께 공부할 생각이 전혀 없었지만, 생각할수록 함께해봐도 괜찮지 않겠냐는 묘한 끌림이 일었다. 끌림은 시간이 지날수록 강해졌고 결국 며칠 후에 전화를 걸어 함께 공부하겠다는 약속을 했다. 다분히 충동적인 결정이었다.

그날의 결정으로 내가 무려 17년 동안이나 고전 스터디를 하게 될 줄은 상상도 하지 못했다. 그곳에서 공부한 고전의 세계는 너무나 흥미롭고 아름다웠다. 그때의 공부를 통해 고전에 눈을 뜨며 동양 철학적인 사유의 토대를 마련할 수 있었다. 그리고 내 인생의 행로를 바꿔줄 다양한 경험을 할 수 있었다. 그날 그 순간이 없었다면 지금의 나도 없었을 것이다.

그런데 정작 후배는 스터디를 만든 지 1년이 되지 않아 모임을 탈퇴하고 사라져버렸다. 학교를 휴학하고 어디로 갔는지, 연락이 닿지 않아 행방을 알 수 없었다. 조금 더 적극적으로 후배를 찾았다면 만날 수 있었겠지만, 행동으로 옮기지는 않았다. 그녀의 사라짐은 아쉽고 그리운 일이었지만 더 이상의 관심이 일어나지 않았다.

후배는 확실히 나에게 또 다른 세상으로 가는 새로운 길을 알려준 길잡이 역할을 해주었다. 그리고 그 역할을 다하고 바람처럼 사라졌다. 가끔 나는 그 후배를 떠올리며 내가 그녀에게는 어떤 역할인연이었을지 궁금해지곤 한다. 언젠가는 다시 만나 그때의 이야기를 할 수 있었으면 좋겠다. 오랜 세월이 지났으니 이제는 역할인연이 아닌, 다시 사라지지 않아도 좋을 인연으로 만나 서로의 안부를 주고받고 싶다.

좋은 관계는 치유가 되고 희망이 된다.

나를 성찰하게 하고 결핍을 채워주며 내적 갈등을 해소해준다.

그렇게 조금씩 내 삶을 가치 있게 만들어준다.

괴요의 인연

끊으려야 끊을 수 없는 인연

인연에는 다양한 모습이 존재한다. 앞서 말한 역할인연이 미련이 남지 않는 담담한 관계를 대표한다면 반대로 가장 집착하게 되고 헤어지기 힘든 관계가 '괴요壞曜'의 관계다. 괴요는 밀교에서 구전되어 내려오는 말인데, 미친 듯이 싫어하면서도 동시에 미친 듯이 사랑하게 되는 극단적인 애증의 관계를 말한다. 때로는 한쪽이 무너지면 다른 쪽은 파괴되는 무서운 운명의 관계를 의미하기도 한다.

괴요의 특징은 상대를 보자마자 첫눈에 끌린다는 것이다. 이때의 끌림은 "그녀를 처음 봤을 때 머리 뒤에 후광이 비쳤어요" 같은 긍정의 감정뿐 아니라 "저런 사람을 도대체 누가 만나겠어" 같은 부정의 감정도 포함하고 있다. 상대에 대한 호감으로 물불 가리지 않고 달려들기도 하고 반대로 강력한 거부감이 애증으로 둔갑해 사랑에 이르는 아이러니한 상황이 일어나기도 한다.

이런 강렬한 끌림 속에서 서로를 만나게 되면 어떤 일이 일어날까? 처음에는 상대방의 단점이 유독 크게 확대돼 보인다. 그렇게 끌리던 상대와 직접 만났더니 유난히 못생겨 보이고 성격도 별로이고 비전도 없어 보이는 것이다. 그래서 실망하고 돌아서면 언제 그랬냐는 듯이 다시 보고 싶고 그리워진다. 만나고 싶고 대화하고 싶어진다. 이런 감정의 진폭은 얼고 녹기를 반복하며 깊은 맛이 드는 황태처럼 서로에 대한 감정을 깊고 진하게 만든다.

모딜리아니와 에뷔테른

괴요의 관계를 말해주는 대표적인 인물이 이탈리아 화가 아메데오 모딜리아니Amedeo Modigliani와 잔 에뷔테른Jeanne Hebuterne이다. 병약한 몸으로 가난과 술과 담배와 여자에 빠져 살았던 모딜리아니와 독실한 가톨릭 집안에서 자란 열네 살 연하의 에뷔테른은 처음 본 순간 사랑에 빠진다. 당연히 에뷔테른의 집에서는 교제를 반대했지만 그들의 사랑을 말릴 수 없었다.

모딜리아니는 에뷔테른을 만나면서도 이전과 같은 방탕한 생활을 멈추지 않았다. 하지만 그녀에게만큼은 진심이라고 말하며 에뷔테른의 얼굴을 그린 25편의 초상화를 남겼다. 에뷔테른 역시 끝

까지 그에게 사랑을 주고 싶어 했다. 이유는 알 수 없었다. 모딜리
아니와 함께 있으면 가난하고 수치스럽고 괴로웠지만 그를 떠날
수 없었다. 아니, 그가 없는 삶은 상상조차 할 수 없었다. 에뷔테른
의 마음을 독차지했던 모딜리아니는 안타깝게도 서른다섯의 젊은
나이에 수막염으로 세상을 떠나고 만다. 숨을 거두기 전 처참한
몰골을 한 그는 에뷔테른의 손을 잡고 마지막 유언을 남긴다.

"에뷔테른, 천국에서도 나의 모델이 돼줘."

그 말을 들은 에뷔테른은 다음 날 6층 자신의 방에서 투신해 그
의 뒤를 따른다. 그녀의 배 속에는 8개월 된 아기가 있었다.

괴요는 세상에 오직 둘만 있는 듯 시야가 좁아지며 서로를 잡아
먹을 듯한 격렬한 관계를 맺는다. 한쪽이라도 적당한 거리를 두고
현실적인 상황을 고려하면 될 텐데 이들은 미친 듯이 서로에게 매
달리며 떨어지지 않으려 한다.

괴요의 힘이 긍정적으로 발휘될 때

괴요가 온통 부정적인 의미로만 쓰이는 것은 아니다. 때로는 아
름다운 결실을 맺을 때도 있다. 물론 이때도 극단적인 힘은 발동
한다. 다만 그 대상이 상대방이나 내가 아닌, 서로의 관계를 방해

하는 외부에 있다는 차이가 있다. 관계를 방해하는 장벽을 서로 마음을 합쳐 무너뜨리는 것도 괴요가 발휘하는 힘이다.

대표적인 예가 노르웨이 국왕인 하랄 5세Haral v다. 그는 왕세자 시절에 아버지 올라프 5세Olav v 앞에서 이렇게 말했다.

"이 여자가 아니라면 저는 평생 독신으로 살겠습니다."

동갑내기였던 평민 소냐 하랄드센Sonya Haladesen과 9년간의 비밀 연애 끝에 결혼하겠다고 나선 것이다. 그때까지 노르웨이에서 평민 출신 왕세자빈은 없었다. 왕족의 연애 결혼도 드물었다. 하랄 왕세자는 결혼을 반대하는 아버지 앞에서 물러서지 않았다. 유일한 계승자였던 아들의 굳은 의지 앞에 아버지는 결국 마음을 움직였고 하랄 5세는 하랄드센과 결혼할 수 있었다. 기존의 관습을 무너뜨리고 새로운 선례를 남긴 그의 결혼은 그 뒤로 유럽의 왕족들이 신분이나 인종을 뛰어넘어 사랑을 이루는 좋은 본보기가 되었다.

괴요 역시 다른 운명의 관계처럼 마음을 끌어당기는 운명의 힘을 어떻게 활용하느냐에 따라 전혀 다른 결과를 만들어낼 수 있다. 신은 우리에게 운명적인 상황만을 던져줄 뿐, 그 상황 속에서 어떤 판단과 행동을 해야 할지는 관여하지 않는다. 막연한 미래의 끌림은 있지만 구체적인 미래의 시나리오란 존재하지 않는 것이다.

괴요를 극복하는 방법

괴요를 파국이 아닌 혁신의 관계로 만들기 위해서는 몇 가지 원칙을 지키는 것이 중요하다.

첫 번째는 서로를 바라보는 시야를 넓히는 것이다. 시야는 타인과의 관계를 통해 확장된다. 내가 보고 있는 세상과 그가 보고 있는 세상이 하나로 합쳐져 더 큰 세상을 볼 수 있게 된다. 이렇게 넓어진 시야는 이전보다 더 다양한 삶의 모습을 공감하고 수용하게 해준다.

괴요의 끌림이 위험한 이유는 관계가 이어지는 순간 시야가 넓어지는 것이 아니라 극단적으로 좁아지기 때문이다. 좁아진 시야는 서로의 적당한 거리를 무시하게 만든다. '그가 바로 나'라는 '자기 동일시'로 상대에게 강박적으로 집착하는 상황이 벌어지게 된다. 때로는 너무 좁아진 시야 때문에 상대방마저 보지 못하고 오직 나 자신만을 바라보게 될 때도 있다. 그러다 보면 상대의 마음을 전혀 배려하지 못하고 오직 나의 욕망과 감정만 챙기게 되는 극단적인 이기심이 드러나게 된다. 상대가 나보다 뛰어나면 그의 성장을 기뻐하기보다 시기하며 그가 더는 성장하지 못하게 주저앉히고 싶은 마음이 들기도 한다. 오직 나만을 바라보길 원하게 되는 것이다.

그래서 의식적으로 시야를 넓히는 노력을 해야 한다. 상대가 하는 일을 내 일처럼 여기면서도 나와는 다른 그를 적당히 놓아줄 수 있는 정서적 거리를 두도록 애써야 한다. 거리가 있어야 시야도 생긴다. 그는 나의 기쁨이지만 내가 될 수는 없다.

괴요의 인연 속에서 시야를 넓히지 못하면 의지하고 집착하는 마음이 일상으로 번져 서로 씻을 수 없는 상처를 주고받게 된다. 모딜리아니는 에뷔테른을 격렬히 사랑했지만, 에뷔테른의 마음을 전혀 살피지 않았고 오직 자신의 예술과 즐거움에 탐닉하는 이기적이고 강박적인 모습을 보여줬다. 만약 모딜리아니가 에뷔테른이 느꼈을 불안과 슬픔을 바라볼 수 있었다면, 그녀의 행복을 위해 노력했더라면 비극적인 결말은 피할 수 있지 않았을까.

에뷔테른이 좀 더 시야를 넓혀 모딜리아니와 마음의 거리를 두고, 관계를 바라봤다면 고통받는 가족과 무너져가는 자기 삶을 객관적으로 볼 수 있었을 것이다. 그랬더라면 배 속의 아이와 함께 투신하는 일은 일어나지 않았을 것이다.

시야를 넓히기 위해서는 관계의 주어가 내가 아닌 우리가 되도록, 모든 대화의 문장을 만들어야 한다. 그러면서 한편으로는 적당한 정서적 거리를 두는 연습을 꾸준히 해야 한다. "나는 그가 아니다", "그는 내가 아니다"를 관계의 키워드로 삼고 매일같이 반복해서 마음에 새겨야 한다. 서로가 침범하지 않는 개인의 영역을 만들고 일주일에 하루 정도는 상대를 생각하지 않는 나만의 시간을 가지는 것도 좋은 방법이다. 순간적으로 강하게 일어나는 감정에 매몰되지 않고 내 감정이 상대에게 어떤 영향을 줄 것인지 생각하는 습관을 들이는 것도 중요하다. 그렇게 시야를 넓혀 서로를 바라보는 것이 괴요의 부정성이 진행되는 것을 막는 첫 번째 방어막이다.

두 번째는 동전의 양면처럼 상대의 부족한 점이 있기에 내가 만족하고 있는 좋은 점이 있다는 사실을 잊지 않는 것이다. 화가 나거나, 싫은 감정이 들 때마다 필사적으로 우리의 관계에는 확실한 양면성이 있음을 상기해야 한다.

관계에서 감정을 드러내는 것은 내가 골라야 할 음식의 메뉴판처럼 다가온다. 어떤 감정을 발산하기 전, 마음은 내가 선택할 수 있는 다양한 감정의 선택지 앞에 서게 된다. 무엇을 선택하느냐에 따라 같은 상황 앞에서 화를 낼 수도 있고, 담담할 수도 있고, 두려워할 수도 있다. 다만 너무 순식간에 결정되는 일이라 내가 선택하는 것이라는 사실을 눈치채지 못할 뿐이다.

양면성을 떠올리라는 건 이때 내가 관계를 파국으로 몰고 가지 않을 긍정의 감정을 선택하라는 말이다. 서로 행복했을 때 갈구했던 그의 장점들, 그가 보고 싶을 때 느꼈던 감정들을 망설이지 말고 선택하라는 것이다. 그를 향한 감정의 선택이 무의식적으로 진행될 수 있을 만큼 마음에 각인된다면 이로써 두 번째 방어막을 가지게 된 것이다.

이 두 개의 방어막은 괴요의 관계뿐 아니라, 일반적인 관계에서도 다툼을 피할 수 있는 방법이다. 방어막을 만들기 위한 의지와 노력은 중력처럼 강력한 인연의 끌림에서 나를 잠시 벗어나게 할 무중력 공간을 만들어줄 것이다. 강박적인 집착을 상징하는 괴요의 끌림이 오히려 내 삶을 확장시키는 긍정의 힘이 되는 것이다.

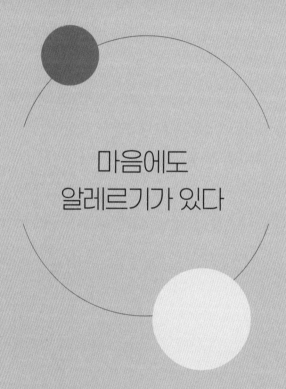

마음에도
알레르기가 있다

고양이의 죽음

#고양이#무지개다리#정말정말미안해

정수 씨는 SNS 계정에 자신이 키우던 고양이 '나비'의 부고를 올렸다. 화면에는 영면에 든 고양이 모습이 올라와 있었다. 얼마 전 정수 씨는 생일 선물로 백합 한 다발을 선물받았다. 활짝 핀 하얀 백합꽃을 꽃병에 꽂아 선반 위에 두니 향긋한 냄새가 방 안을 가득 채웠다. 아름다운 꽃에 나비도 관심을 보이며 어슬렁어슬렁 주위를 맴돌았다. 정수 씨는 꽃 주위를 맴도는 나비를 찍고 SNS에 올리며 즐거운 시간을 보냈다. 그때까지만 해도 백합과 함께한 나비의 사진이 마지막 영정 사진이 될지 꿈에도 생각하지 못했다. 사진을 찍은 다음 날 나비는 숨을 거뒀고 병원에서 알아낸 사인은 백합꽃 알레르기였다.

고양이에게는 백합 알레르기가 있다. 정도가 심하면 나비처럼 목숨을 잃을 정도로 백합과 고양이는 상극 관계다. 고양이를 기른 지 얼마 되지 않은 정수는 그런 사실을 전혀 알지 못했다. 정수 씨와 같은 일을 당하지 않기 위해 반려동물을 키울 때는 얼마나 잘 해줄지를 생각하기에 앞서 무엇을 하면 안 되는지부터 공부해야 한다. 그렇지 않으면 애징을 쏟았던 모든 순간이 한꺼번에 물거품이 될 수 있다.

고양이처럼 사람도 다양한 몸의 알레르기를 가지고 있다. 조개, 땅콩, 우유, 복숭아에 이르기까지 종류도 다양하다. 알레르기의 특징은 그 음식을 먹어보기 전까지는 알레르기 반응이 있는지조차 알 수 없다는 점이다. 모양이 마음에 들지 않거나 맛이 불쾌하고 냄새가 싫다면 애당초 다가가지 않거나 보기만 해도 손사래를 치며 싫어할 텐데 그런 반응이 없으니 두드러기가 올라오고 목이 부어오르는 증상을 겪고 나서야 위험을 알게 된다. 심지어 내가 사랑하는 반려동물의 털이나 따스한 봄바람 속 꽃가루가 알레르기를 일으키는 항원이 되기도 한다. 알레르기 반응은 내 몸이 특별히 이상하거나 상대에게 독성이 있어서 일어나는 반응이 아니다. 단지 서로 맞지 않는 상극의 결합일 뿐이다.

관계의 알레르기 반응

알레르기 반응은 몸에서만 일어나는 것이 아니다. 마음에도 알레르기 반응이 일어난다. 물론 학술적으로 정의된 '마음 알레르기' 증상은 없다. 다만 다양한 관계를 맺다 보면 그렇게 정의내릴 만한 관계를 경험할 때가 있다. 고양이가 백합을 만난 뒤 아팠던 것처럼 유독 그 사람을 만나고 나면 마음이 아프고 힘들었던 경험을 누구나 한 번쯤은 해봤을 것이다.

내가 처음으로 알레르기 반응을 의심한 사람은 서글서글하고 농담을 즐겨하는 친구 재호였다. 사는 곳이 멀고 하는 일이 달라 1년에 한두 번 만날 뿐이었지만 만나면 반갑게 일상의 대화를 나누며 지낼 수 있는 부담 없는 친구였다. 그런데 재호를 만나고 온 날에는 어딘지 모르게 몸과 마음이 불편해지고 무거워졌다. 함께 밥을 먹었다가 급체해서 고생한 적도 여러 번 있었고 몸살이 나서 앓아누웠던 적도 있었다. 재호와 함께한 일은 유독 문제가 자주 생겼다. 함께 물건을 사면 하자 있는 물건이나 파손된 물건을 골라 교환하는 일이 많았고, 여행 계획을 세우면 중간에 예약이 잘못되거나 다른 문제가 생겨 곤란해지는 경우도 잦았다. 처음엔 그러려니 하던 일들이 자주 일어나다 보니 눈치채게 된 패턴이었다. 처음에는 재호에 대한 편견이 될 수 있어 지켜볼 뿐이었는데 시간이 지날수록 비슷한 상황이 반복적으로 일어나니 마냥 무시할 수만은 없었다.

많은 사람이 이유를 알 수 없이 일어나는 일에는 큰 의미를 부여하지 않는다. 그지 단순한 우연이었다고 치부해버리고 기억에서 지워버린다. 하지만 만약 이런 패턴에 의미를 부여하면 어떤 일이 일어날까? 그동안 겪었던 산발적인 상황들이 하나의 의미로 묶이고 그 상황 속에서 미처 눈치채지 못했던 '공통된 반응'이 있었음을 발견하게 된다.

재호를 만나고 올 때마다 내 마음에서 일어났던 공통된 반응은 '불안함'이었다. 그를 만나고 있을 때가 아니라, 만나고 난 뒤에 느껴지는 불안한 마음. 그리고 마치 불안함을 증명이라도 하듯 이어지는 뜻밖의 사건들은 내 기분을 어둡게 하고 생각을 어지럽혔다. 그는 어떤 잘못도 하지 않았으니 나는 불안의 원인을 내 기분 탓으로 여겼고 대수롭지 않게 생각했다. 하지만 마음이 불안해지는 반복되는 경험을 하며 그 원인이 기분 탓만은 아니라는 생각을 하게 됐다. 그렇게 만들어진 개념이 마음의 저항을 의미하는 마음 알레르기다. 재호는 나에게 알레르기 반응을 일으키고 있었던 것이다.

하지만 재호에 대해 그런 판단을 내렸다고 해서 재호와 만남을 피하거나 그를 싫어하게 됐다는 것은 아니다. 조금 더 조심하는 태도로 만남 후에 있을지도 모를 불안함을 예상하며, 서로의 마음이 부딪치지 않게 더 조심하는 사이가 됐을 뿐이다. 지나친 장난을 치거나 상처될 만한 농담을 하지 않고 말투를 조심하며 잘 공감해주고 진중하게 행동하는 사람이 되려고 애썼다. 나를 지키기 위한 나름의 안전장치를 만든 것이다. 특별한 상황이 일어나는 이유를 규정했을 때 마음은 그 상황으로부터 영향을 덜 받기 위해 나름의 대응 전략을 꾸리게 된다. 그것만으로도 알레르기 증상은 많이 완화될 수 있다.

알레르기 상대를 알아보려면

낯선 타인을 만나면 가장 먼저 '그'를 알려고 노력한다. 하지만 '그 자신'도 모르고 있을 '그'를 우리가 완벽히 알 수 있는 방법은 없다. 그래서 상대를 알아가는 데는 긴 시간과 많은 노력이 필요하다. 알레르기 반응을 살펴보는 것도 꼭 필요한 노력 중 하나다.

마음 알레르기를 알아보기 위해서는 실제 병원에서 진행되고 있는 알레르기 검사를 참고할 필요가 있다. 알레르기 반응물질을 미리 알기 위해 병원에서는 첩포 검사와 단자 검사를 한다. 첩포 검사는 여러 종류의 알레르기 유발 항원을 등에 붙이고 며칠 동안 이상 반응이 일어나는지를 보는 검사이고, 단자 검사는 팔뚝에 주사기로 상처를 내고 그곳에 항원 물질을 떨어뜨려 이상 반응을 살피는 검사다. 두 검사 모두 소량의 알레르기 유발 물질을 직접 접촉해 반응을 살펴본다는 공통점이 있다.

사람과의 관계에서도 이런 식의 접근법이 필요하다. 소량의 항원을 몸에 직접 테스트해보듯 상대와 깊은 관계가 되기 전 작은 만남을 자주 가지며 그가 나에게 어떤 영향을 주고 있는지를 자세히 살펴보는 기간이 필요하다. 의미 없는 짧은 시간의 만남, 감정이 들어가지 않은 가벼운 대화, 적당한 거리를 둔 소소한 경험을 반복하며 그를 만나고 난 후 내 마음이 어떤 반응을 보이는지 살펴보는 것이다.

많은 사람을 차별 없이 만나기 위해

상대를 알려는 노력이 나를 상처 주는 독이 되기 전에 그가 함께해도 되는 사람인지를 판단해야 한다. 그렇다고 상대를 가려가면서 만나야 한다는 뜻은 아니다. 오히려 많은 사람을 차별 없이 만나기 위해 나를 보호하는 작은 기준은 있어야 한다는 뜻으로 말하는 것이다.

몸의 알레르기 반응처럼 마음의 알레르기 반응도 누군가의 잘못으로 생기는 현상이 아니다.

많은 사람이 이유를 알 수 없지만 이상하게 마음이 불안해지는 상대를 만나면, 자신의 소심함이나 부족한 사회성을 탓하며 어떻게든 불안한 감정을 없애려 노력한다. 혹은 반대로 자신을 불안하게 하는 상태를 탓하며 마녀사냥식의 근거 없는 불평을 쏟아내기도 한다. 하지만 각자에게 문제가 있는 것이 아니라 만남 자체에 문제가 있을 수도 있다.

어쩌면 이런 관계는 세상에는 가까이할 수 없는 사람도 있다는 운명의 가르침일지도 모른다. 그러니 억지로 불안한 사람과 가까워지려 노력하지 않아도 된다. 어쩔 수 없이 매일 만나야 하는 상황이라면 진심으로 그를 대하되 적당한 정서적 거리를 두며 불편함이 줄어들도록 주의하는 것이 현명한 일이다. 때로는 원인을 알 수 없는 마음의 반응이 내가 그를 멀리해야 하는 가장 정확한 이유가 될 수도 있다.

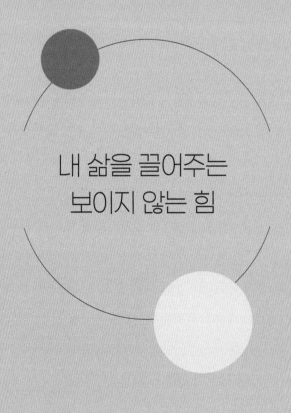

내 삶을 끌어주는
보이지 않는 힘

가사도우미 숙자

가사도우미 숙자 씨는 말을 잘하지 못하는 언어장애를 가지고 있었다. 하지만 누구보다 착하고 성실했다. 언제나 최선을 다해 일하며 시키지 않은 일도 알아서 척척 해냈다. 그런 숙자 씨의 모습에 호감을 느낀 집주인 경순 씨는 숙자 씨와 친해졌고 숙자 씨가 남편 없이 어린 딸을 혼자 키우고 있다는 사실을 알게 됐다. 일이 늦게 끝나 데려다준 숙자 씨의 집은 어린아이와 젊은 여성이 살기에는 너무 위험하고 불편한 곳이었다. 숙자 씨의 처지가 안쓰러웠던 경순 씨는 숙자 씨와 딸을 자기 집에 들어와 살게 했다. 월급을 올려주고, 어린 딸에게 들어가는 교육비와 생활비도 대신 내주는 파격적인 조건이었다. 그렇다고 마음을 불편하게 하거나 갑질을 하지도 않았다. 어쩌다 한 번씩 숙자 씨가 큰 실수를 저질러도 조용히 용서해줬고 책임을 묻지 않았다. 경순 씨의 형편이 잠시 기울어졌을 때도 경순 씨는 숙자 씨를 집에서 내보내지 않았다. 다른 가족들이 숙자 씨에 대한 불만을 말해도 오히려 그녀 편을 들며 보호해줬고 가족들이 불편해하지 않도록 숙자 씨와 함께 최선을 다했다.

그렇게 지금까지 50년을 경순 씨와 숙자 씨는 함께 지내고 있다. 숙사 씨는 이제 70대 후반의 할머니가 됐고 치매에 걸려 더는 집안일을 하지 못한다. 80대 후반이 된 경순 씨는 지금까지 그랬듯이 의지할 가족이 없는 숙자 씨를 친동생처럼 돌봐주고 있다. 숙자 씨의 딸은 서른이 되던 해에 좋은 사람을 만나 결혼했고 독립해 나갔다. 경순 씨는 숙자 씨의 딸 결혼식에 혼수를 해줬고 어려운 일이 있을 때마다 지금도 '큰엄마'처럼 도움을 주고 있다.

이유 없이 베푸는 선행

마음에 들지 않는 사람을 만나면 망설임 없이 헤어지는 게 일상이 된 지금 시대에 경순 할머니의 이야기는 생소하기만 하다. 왜 평생 숙자 할머니를 곁에 두고 사는 걸까? 왜 매번 그녀를 용서하며 품어줬을까? 왜 편하게 지내야 할 노후에 피 한 방울 섞이지 않은 남을 돌보고 있는 걸까? 왜, 남의 아이 혼수까지 해주며 자식처럼 키워주는 걸까? 경순 할머니를 생각하면 '왜?'라는 물음이 꼬리를 물고 이어진다.

이런 내 의문에 경순 할머니는 별거 아니라는 듯 말했다.

"숙자를 도와준 이유는 온전히 나 자신을 위해서예요. 며칠 함께 지내다 보니 건강도 좋아 보이지 않고, 말도 잘 못 하는 저 사람이 앞으로 어떤 삶을 살게 될지 뻔히 보이더라고요. 그런 숙자를 내버려두면 내 마음이 힘드니까 그렇게 한 거예요."

그래도 나는 이해되지 않아 다시 물었다.

"그녀가 어떤 삶을 살건 그건 그녀의 몫이 아닐까요?"

나는 요즘 흔하게 일어나는 끔찍한 사건들을 경순 할머니에게 이야기해드렸다. 힘들 때마다 자신을 도와줬던 친구가 큰돈을 벌자 질투에 눈이 멀어 그를 살해한 이야기부터 노숙자였던 자신에게 거처를 마련해주고 직업을 구해준 은인의 집에 찾아가 돈을 훔치고 폭력을 행사한 사람의 이야기까지, 남을 도와 불행을 맞이한 비극적인 이야기를 생각나는 대로 말씀드렸다.

내 말을 조용히 듣고 있던 경순 할머니는 웃으며 말했다.

"물론 그럴 수도 있겠지요. 하지만 그 어떤 관계도 어떻게 진행

될지, 마지막이 어떻게 될지는 아무도 모르는 거잖아요. 나는 내 마음이 시키는 대로 했고, 그래서 행복했어요. 제 아이도 나를 보며 힘들고 어려운 사람을 돕고 사는 어른이 됐고요. 나는 오히려 숙자가 있어 감사한 마음이 들어요."

경순 할머니의 대답에 나는 별다른 토를 달 수 없었다. 그녀에게 베풂은 종교였고 신앙이었다.

그가 내 곁에 있는 이유

경순 할머니와 헤어지며 마지막으로 들었던 선물 같은 말이 있다.

"내가 예전에 한참 차를 몰고 다녔을 때, 시동을 걸면서 늘 했던 상상이 있어요.

'네 마리 말이 자동차를 마차처럼 끌고 가는 모습.'

자동차 엔진이 자동차를 움직이는 게 아니라, 네 마리 말이 내 차를 끌고 간다고 생각하는 거예요. 그런 생각을 하며 운전하면 자연스럽게 네 마리 말의 간격만큼 앞차와 거리를 두게 돼요. 말과 함께 움직이고 있으니 거칠게 운전하지도 못하고요. 그렇게 조심해서 운전하다 보니 눈이 침침해져 운전대를 놓을 때까지 내 잘못으로 사고를 낸 적은 한 번도 없었어요.

요즘에는 자동차 대신 내 삶을 끌고 가는 무언가가 있다는 상상을 자주 하게 돼요. 나는 그게 지금껏 만나왔던 '사람'이라는 생각이 들어요. 그들이 있어서, 내 삶이 앞으로 나갈 수 있었던 거죠. 숙자도 그중 한 명이죠. 숙자가 있어서, 누군가를 돕는다는 마음을 향해 나갈 수 있었으니까요."

경순 할머니의 말을 듣고 나도 내 삶을 끌고 가고 있는 보이지 않는 힘을 상상하게 됐다. 그리고 그 힘을 존중하는 마음을 배우게 됐다. 좋은 관계를 맺는다는 건 나에게 득이 될 사람을 찾는 것이 아니라, 내 곁에 있는 그가 어떤 의미를 갖는 사람인지를 아는 것이다. 그가 내 곁에 있는 의미를 알 수 있을 때, 관계의 고통과 불행은 전혀 다른 긍정의 울림을 갖게 된다. 그런 의미를 찾을 수 있는 눈을 갖는 것이 바로 우리가 길러야 할 관계의 안목이다.

뛰어난 안목을 통해 만들어진 관계는 치유가 되고 희망이 된다. 나를 성찰하게 하고 결핍을 채워주며 내적 갈등을 해소해준다. 그렇게 조금씩 내 삶을 가치 있게 만들어준다. "내가 살아왔던 삶의 가치는 타인과의 관계로 측정될 수 있다"는 프리드리히 니체

Friedrich W. Nietzche의 말처럼 내가 맺은 관계의 역사가 결국 내 삶의

진정한 의미를 말해줄 것이다.

또 다른 후회를 남기지 않기 위해

내게는 두 살 터울의 형이 한 명 있었다. 어린 시절, 언제나 내가 가야 할 길을 앞서 걸어가는 형의 모습은 불안하고 위태로워 보일 때가 많았다. 그런 모습이 안쓰러워 나는 형의 말을 잘 따르는 든든한 동생이 되려고 애썼다.

평화로웠던 형과의 관계가 수습하기 어려울 정도로 틀어진 건 중학생 때였다. 그때 나는 혼자 간 목욕탕에서 성추행을 당했고 어떻게 대처할지 몰라 괴로워하고 있었다. 그런데 때마침 형이 함께 목욕탕에 가자고 했고 나는 얼마 전의 기억이 되살아나 형의 요구를 완강히 거부했다. 단호한 거절이 심기를 거슬렀는지 잠시의 실랑이 끝에 형은 내 뺨을 여러 차례 때리며 심한 욕설을 퍼부었다. 이날 이후부터 나는 형을 미워하게 됐다. 그 뒤로 몇 번, 형이 먼저 나에게 말을 걸며 장난을 걸어왔지만 이미 내 마음은 차갑게 식어 있었고 형과는 점점 서먹한 사이가 됐다.

나이가 들어 결혼하고 각자의 인생을 살 게 되면서 어릴 적 기억들은 친친히 잊혀갔다. 하지만 마음 깊은 곳에는 형에 대한 미움이 남아 있었고 그 때문인지 형과 쉽게 친해지지 못했다. 그런 애증의 관계였던 형이 몇 해 전, 병원에 입원하는 일이 생겼다. 병명은 '재생불량성 빈혈', 골수 세포에서 피가 생기지 않아 온몸의 피가 말라가는 희소병이었다. 병은 천천히 진행됐고 형은 살기 위해 애썼다. 위급한 상황이었지만 형과의 관계가 어색했던 나는 따듯한 위로의 말 한마디 제대로 건네지 못했고 멀리서 상황을 지켜보기만 했다. 그렇게 투병 생활이 3개월 정도 지났을 무렵 형에게 문자 한 통이 왔다. 문자에는 다른 내용 없이 세 글자만 적혀 있었다.

　"고맙다."

　'고맙다고? 뭐가 고맙단 말이지.' 평소에 형은 단 한 번도 나에게 고맙다는 말을 한 적이 없었다. 형의 의도가 궁금했지만 뭐라고 대답해야 할지 몰라 곧바로 답장을 보내지 못했다. 좀 더 생각을 정리한 다음에 답장을 보낼 생각이었다. 하지만 잠시 망설이던 하루 사이에 형은 갑자기 진행된 패혈증으로 세상을 떠났다. 전날 받았던 고맙다는 문자는 형의 마지막 유언이 됐고 나는 끝내 무엇이 고맙다는 말인지 알 수 없었다.

상주가 되어 형의 장례를 치르고 영원히 헤어지던 날 납골당 화로의 화염으로 들어가는 형을 보며, 미워했지만 용서하고 싶었다고 말하지 못한 옹졸함이 부끄러워 고개를 들 수 없었다. 이제 미움은 죽음과 함께 사라지고 회한만 남았다. 오랜 시간 형제로 살면서 나는 형에 대해 얼마나 알고 있었을까? 그의 생각과 마음, 감정에 대해 아무것도 아는 게 없었다. 한때의 미움에 사로잡혀 관계를 그르친 어리석음에 깊은 후회가 들었다.

돌이켜보면 화해는 어려운 일이 아니었다. 그때 우리는 너무 어렸고 어떻게 마음을 표현해야 할지 몰랐을 뿐이다. 조금만 더 용기 내 대화하고 서로의 상황에 공감하려 애썼다면, 그래서 형을 용서했더라면 우리는 좀 더 괜찮은 모습으로 행복한 형제의 관계를 맺지 않았을까?

그날 이후, 나는 또 다른 후회를 남기지 않기 위해 내가 용서하지 못했던 수많은 관계들을 생각하게 됐다. 원망하며 헤어졌기에, 생각날 때마다 마음이 불편해지는 불행한 관계들, 미움 때문에 일부러 외면했을 그들의 마음과 생각을 이제 더는 놓치지 말아야겠다고 다짐했다. 《관계의 안목》은 그런 반성과 다짐 속에 쓴 책이다.

후회 없는 관계는 내가 먼저 상대의 잘못을 용서하는 용기를 낼 때 만들어질 수 있다. 용서할 수 있어야 미움 없이 상대에게 공감할 수 있고, 공감할 수 있어야 상대의 모습을 온전히 볼 수 있는 맑은 눈을 갖게 된다. 탁월한 안목이란 맑은 눈을 갖는 것이다. 그런 안목으로 맺어진 관계는 여러분의 삶을 좀 더 아름답고 풍요롭게 해줄 향기로운 인연의 꽃이 될 것이다.

프롤로그

004p : 김성옥, "공명조에 대한 관념의 기원과 변천", 淨土學硏究 제23집, 2015.6,
    p.301-302

1장

016p : 셸 실버스타인, 《아낌없이 주는 나무》, 이재명 옮김, 시공주니어, 2015
083p : 티파니 와트 스미스, 《위로해주려는데 왜 자꾸 웃음이 나올까》, 이영아 옮김,
    다산북스, 2020

2장

099p : 수전 뉴먼, 《거절의 미학》, 나혜목 옮김, 북@북스, 2007
105p : Darley, J. M. and Batson, C. D., "From Jerusalem to Jericho: A Study
    of Situation and Dispositional Variables in Helping Behavior.",
    Journal of Personality and Social Psychology, 1973
120p : 말로 모건, 《무탄트 메시지》, 류시화 옮김, 정신세계사, 1994
148p : Sophia Auld, "인간은 태어나는가 만들어지는가", Breath Korea Issue,
    2019.1.15., p.33-34

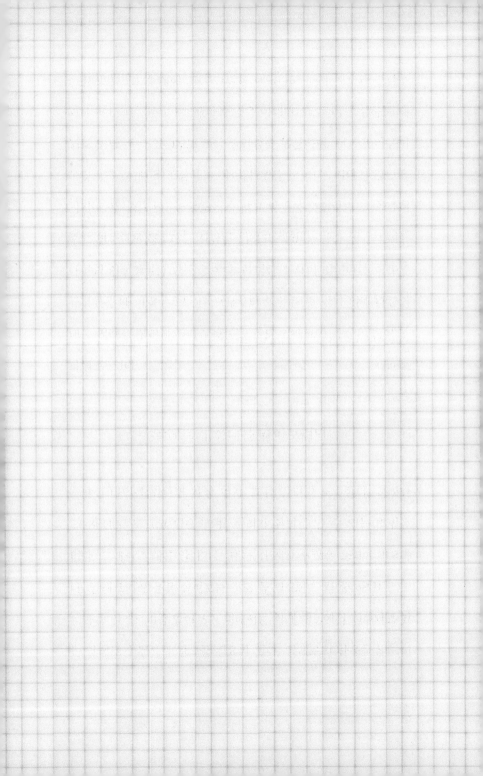

관계의 안목

초판 1쇄 발행 2022년 7월 1일
초판 3쇄 발행 2022년 9월 19일

지은이 신기율
발행인 이종원 | **발행처** ㈜도서출판 길벗 | **브랜드** 더퀘스트
주소 서울시 마포구 월드컵로 10길 56(서교동) | **대표전화** 02-332-0931 | **팩스** 02-322-0586
출판사 등록일 1990년 12월 24일 | **홈페이지** www.gilbut.co.kr | **이메일** gilbut@gilbut.co.kr

기획 및 편집 송은경(eun3850@gilbut.co.kr) 유예진 정아영 오수영 | **제작** 이준호 손일순 이진혁
마케팅 정경원 김진영 장세진 김도현 이승기 | **영업관리** 김명자 | **독자지원** 윤정아

디자인 디자인 유니드 | **일러스트** 엘무늬 | **교정교열** 이지은
CTP 출력 및 인쇄 북토리 | **제본** 신정문화사

ISBN 979-11-407-0035-6 03190
(길벗 도서번호 090200)
정가 16,800원